AF464168

Lorsque chacun s'agite sur la terre,
Pour obtenir des honneurs et de l'or,
Donnons à tous un avis salutaire,
C'est qu'un bon livre est le plus doux trésor.
L'orage en vain de sa voix importune
Vient réveiller les sages endormis :
On peut braver les coups de la fortune
Lorsque l'on a des livres pour amis.

Antoine Clesse, de Mons. 1866.

ADVIS POVR DRESSER VNE BIBLIOTHEQVE.

Presenté à Monseigneur le President de MESME.

Par G. NAVDE' P.

Omnia quæ magna sunt atque admirabilia, tempus aliquod quo primum efficerentur habuerunt. *Quintil. lib. 12.*

A PARIS,
Chez FRANÇOIS TARGA, au premier pillier de la grand' Salle du Palais, deuant les Consultations.

M. DC. XXVII.

Auec Priuilege du Roy.

AV LECTEVR.

CEt Aduis n'ayant esté dressé que par occasion d'vne dispute qui fut agitee il y a quelques mois dans la Bibliotheque de celuy qui me fit dés-lors la faueur de l'auoir pour agreable: Ie n'auois point songé à le tirer de la poudre de mon Estude pour le mettre au iour, iusques à ce que ne pouuant mieux ni plus prōptement satisfaire à la curiosité de beaucoup de mes amis, qui m'en deman-

doiét des copies, ie me suis en fin resolu de ce faire, tant pour me deliurer des frais & de l'incommodité des Copistes, que pour estre naturellement porté à obliger le public, auquel si cet Aduis n'est digne de satisfaire, au moins pourra-il seruir de guide à ceux qui luy en voudront donner de meilleurs, afin qu'il ne demeure si long temps priué d'vne piece qui semble manquer à sa felicité, & pour le respect de laquelle ie me suis le premier efforcé de rompre la glace & tracer le chemin en courant à ceux qui le voudront rebattre plus à loisir. De quoy si tu me sçais gré, i'auray de quoy loüer ta bienueil-

lance & courtoisie : sinon ie te suppliera y de vouloir au moins excuser mes fautes & celles de l'Imprimeur.

IN PRIMVM STRVENDÆ ordinatim Bibliothecæ Auctorem GABR. NAVDÆVM,

EPIGRAMMA.

Composuisse libros, promptum & triuiale cuiq; est:
Librorum Auctores composuisse, Tuum est.

EIVSDEM LVSVS.

Bibliotheca licet tot sis Naudæe librorum,
Cusa hæc non tamen est Bibliotheca tua.
Non etenim veluti plantam parit altera planta,
Bibliothecam aliam Bibliotheca parit.
Si tamen ista Tua est, mihi credito non uisi monstrũ
est,
Cum Bibliothecam aliam Bibliotheca parit.
At monstrum esse negas, quod docta Lutetia laudat:
Ergo diuinæ fabrica mentis erit.
Non diũm est, inquis, humana conditum ab arte:
Dic ergò tua tu Bibliotheca quid est?

I. C. FREY, Doct. Medic. & Philosopher. in Academia Paris. Decanus.

TABLE DES POINCTS PRINCIPAUX QUI SONT traictez en cet Aduis.

ADVIS POVR DRESSER VNE BIBLIOTHEQVE.

Presenté à Monseig.r le President de MESME.

Iuuat immemorata ferentem
Ingenuis, oculisq; legi, manibusq; teneri. Horat. lib. 1. epist. 19.

IE CROY, MONSEIGNEVR, qu'il ne vous semblera point hors de raison, que ie donne le tiltre & la qualité de chose inouye à ce Discours, lequel ie vous presente auec autant d'affection que vostre bienueillance & le seruice que ie vous dois m'obligent : puis qu'il est vray qu'entre le nombre presque infini de ceux qui ont iusques aujourd'huy mis la main à la plume, aucun n'est encore venu à ma cognoissance sur l'aduis duquel on se puisse regler au choix des Liures, au moyen de les recouurer, & à la disposition qu'il faut leur donner pour les faire paroistre auec profit & honneur dans vne belle & somptueuse Bibliotheque.

Car encore bien que nous ayons le conseil que donna Iean Baptiste Cardone Euesque de Tortose pour dresser & entretenir la Royale Bibliotheque de Lescurial, si est-ce toutesfois qu'il a si legerement passé sur ce sujet, que

si on

ſi on ne le compte pour nul, au moins ne doit-il point retarder le bon deſſein de ceux qui veulent bien entreprendre d'en donner quelque plus grande lumiere & eſclairciſſement aux autres, ſous eſperance que s'ils ne rencontrent mieux, la difficulté de l'entrepriſe ne les rendra pas moins qu'iceluy excuſables, & affranchis de toute ſorte de blaſme & de calomnie.

Auſſi eſt-il vray qu'il n'appartient pas à vn chacun de bien rencontrer en ceſte matiere, & que la peine & la difficulté qu'il y a de s'acquerir vne cognoiſſance ſuperficielle de tous les arts & ſciences; de ſe deliurer de la ſeruitude & eſclauage de certaines opinions qui nous font regler & parler de toutes choſes à noſtre fantaiſie,

& de iuger à propos & sans passion du merite & de la qualité des Autheurs, sont des difficultez plus que suffisantes pour nous persuader qu'il est vray d'vn Bibliothecaire ce que Iuste Lipse disoit elegammẽt & fort à propos de deux autres sortes de personnes, *Consules fiunt quotannis & noui Proconsules: Solus aut Rex aut Poeta non quotannis nascitur,*

in electis.

Et si ie prends la hardiesse, M. de vous presenter ces Memoires & Instructions, ce n'est pas que i'aye si bonne estime de mon iugement, que de le vouloir interposer en cette affaire qui est si difficile, ou que la Philautie me chatouille iusques à ce poinct qu'elle me face recognoistre en moy ce qui ne se trouue que rarement és autres. Mais l'affection que i'ay de faire chose qui vous soit agreable, est la seule cause qui m'excite à ioindre les sentimens communs de beaucoup de personnes sçachantes & versees en la cognoissance des Liures, & les moyens diuers pratiquez par les plus fameux Bibliothecaires, à ce que le peu d'industrie & d'experience que i'ay me pourra fournir pour vous representer en cet Aduis les preceptes & moyens sur lesquels il est à propos de se regler afin d'auoir vn heureux succez de cette belle & genereuse entreprise.

C'est pourquoy, M. apres vous auoir tres-humblement requis d'attribuer plustost ce long discours à la candeur & sincerité de mon affection, que non pas à quelque presomption de m'en pouuoir plus dignement acquitter qu'vn autre; ie vous diray librement que si vous n'auez dessein d'esgaler la Bibliotheque Vaticane ou l'Ambroisienne du Cardinal Borromee, vous auez de quoy mettre vostre esprit en repos, vous satisfaire & contenter d'auoir vne telle quantité de Liures, & si bien choisis, que demeurant hors de ces termes elle est plus que suffisante non seulement de seruir à vostre contentement particulier, & à la curiosité de vos amis; mais aussi de se conseruer le nom d'vne des meilleures & mieux fournies Bibliotheques de France; puis que vous auez tous les principaux és Facultez principales, & vn tres-grand nombre d'autres qui peuuent seruir aux diuerses rencontres des sujets particuliers & non communs.

Mais si vous ambitionnez de faire esclatter vostre Nom par celuy de vostre Bibliotheque, & de ioindre ce moyen à ceux que vous pratiquez en toutes les occasions par l'eloquence de vos discours, la solidité de vostre iugement, & l'esclat des plus belles Charges & Magistratures que vous ayez si heureusemét exercées, pour donner vn lustre perdurable à vostre memoire, & vous asseurer pendant vostre vie de pouuoir facilement vous desuelopper des diuers replis & roulemens des siecles, pour viure & dominer dans le souuenir des hommes; il est besoin d'augmenter & de perfe-

[illegible] tous les iours ce que vous avez si bien commencé, & donner insensiblement un tel & si avantageux progrez à vostre Bibliotheque, qu'elle soit aussi bien que vostre esprit sans pair, sans egale, & autant belle, parfaicte & accomplie qu'il se peut faire, par l'industrie de ceux qui ne sont iamais sans quelque manque ou defaut, *nihil est ab omni parte beatum.*

I. On doit estre curieux de dresser des Bibliotheques, & pourquoy.

Or d'autant, M. que toute la difficulté de ce dessein consiste à ce que le pouvant executer avec facilité, vous iugiez qu'il soit à propos de l'entreprendre, il est necessaire auparavant que de venir aux preceptes qui peuvent servir à cette execution, de vous deduire & expliquer les raisons qui doiuent vray-semblablemēt vous persuader qu'elle est à vostre aduentage, & que vous ne la deuez en aucune façon negliger. Car pour ne point nous esloigner de la nature de cette entreprise, le sens commun nous dicte que c'est vne chose tout à faict louable, genereuse & digne d'vn courage qui ne respire que l'immortalité, de tirer de l'oubly, conseruer & redresser comme vn autre Pompee toutes ces images, non des corps, mais des esprits de tant de galands hommes qui n'ont espargné ny leur temps ny leurs veilles pour nous laisser les plus vifs traicts de ce qui estoit le plus excellent en eux. Aussi est-ce vne pratique à laquelle Pline le ieune, qui n'estoit pas des moins ambitieux d'entre les Romains, semble nous vouloir particulierement encourager par ces beaux mots du cinquiesme de ses Epistres, *Mihi pulchrum in primis videtur, non pati occidere quibus aeternitas debetur.* Ioint que cette recherche curieuse & non triuiale & commune peut legitimement passer pour vn de ces bons presages desquels parle Cardan au chapitre *de signis eximiae potentiae*, parce qu'estant extraordinaire, difficile & de grande despence, il ne se peut faire autrement qu'elle ne donne sujet à vn chacun de parler en bons termes & quasi auec admiration de celuy qui la pratique, *Existimatio autem & opinio*, dit le mesme Autheur, *rerum humanarum reginae sunt.* Et à la verité si nous ne trouuons point estrange

epist. 5.

lib. 3. de vtilit. capienda ex aduers.

ibidem.

estrange que Demetrius ait faict monstre & parade de ses instruments de guerre & machines vastes & prodigieuses, Alexandre le grand de sa façon de camper, les Roys d'Egypte de leurs Pyramides, voire mesme Salomon de son Temple, & les autres de choses semblables; d'autant que Tybere remarque fort bien dans Tacite, *cæteris mortalibus in eo stare consilia quid sibi conducere putent, principum diuersam esse sortem, quibus omnia ad famam dirigenda:* Combien d'estime deuons-nous faire de ceux qui n'ont point recherché ces inuentions superflues & inutiles pour la plus-part, croyans & jugeans bien qu'il n'y auoit aucun moyen plus honneste & asseuré pour s'acquerir vne grande renommee parmy

les peuples, que de dresser de belles & magnifiques Bibliotheques,
pour puis apres les vouer & consacrer à l'vsage du public? Aussi est-
il vray que cette entreprise n'a iamais trompé ny deceu ceux qui
l'ont bien sceu mesnager, & qu'elle a tousiours esté iugee de telle
consequence, que non seulement
les particuliers l'ont faict reussir à
leur aduantage, comme Richard
de Bury, Bessarion, Vincent Pinelli, Sirlette, vostre grand pere
Messire Henry de Mesme de tres-
heureuse memoire, le Cheualier
Anglois Bodleui, feu M. le President de Thou, & vn grand nombre d'autres; mais que les plus ambitieux mesmes ont tousiours
voulu se seruir d'icelle pour cou-
ronner & perfectionner toutes

leurs belles actions, comme l'on fait de la clef qui ferme la voulte & sert de lustre & d'ornement à tout le reste de l'edifice. Et ne veux point d'autres preuues, & tesmoins de mon dire que ces grands Roys d'Egypte & de Pergame, ce Xerces, cet Auguste, Lucullé, Charlemagne, Alphonse d'Arragon, Matthieu Coruin, & ce grand Roy François premier, qui ont tous affectionné, & recherché particulierement (entre le nombre presque infini de beaucoup de Monarques & Potentats qui ont aussi pratiqué cette ruse & stratageme) d'amasser grand nombre de Liures, & faire dresser des Bibliotheques tres-curieuses & bien fournies; non point qu'ils manquassent d'autres sujets de

louange & recommédation, s'en estant assez acquis dans les triomphes de leurs grandes & signalees victoires; mais parce qu'ils n'ignoroient pas que les personnes *quibus sola mentem animosque peruri gloria*, ne doiuent rien negliger de ce qui les peut facilement esleuer au supreme & souuerain degré d'estime & de reputation. Et de plus si on demandoit à Seneque quelles doiuent estre les actions de ces forts & puissans Genies qui semblent n'estre mis au monde que pour operer des miracles, il respondroit infailliblement, que
epist. 39. *Neminem excelsi ingenij virum humilia delectant & sordida, magnarum rerum species ad se vocat & allicit.* C'est pourquoy, M. il semble estre à propos, puis que vous do-

minez & tenez le dessus en toutes les actions signalees, que vous ne demeuriez iamais dans la mediocrité és choses bonnes & louables; & puis que vous n'auez rien de bas & de commun, que vous encherissiez aussi par-dessus tous les autres l'honneur & la reputation d'auoir vne Bibliotheque la plus parfaicte & la mieux fournie & entretenuë qui soit de vostre temps. Finalement si ces raisons n'ont assez de pouuoir pour vous disposer à cette entreprise, ie me persuade au moins que celle de vostre contentement particulier sera seule assez capable & puissante pour vous y faire resoudre. Car s'il est possible d'auoir en ce monde quelque souuerain bien, quelque felicité parfaicte & accomplie, ie croy certainement qu'il n'y en a point qui soit plus à desirer que l'entretien & le diuertissement fructueux & agreable que peut receuoir d'vne telle Bibliotheque vn homme docte, & qui n'est point tant curieux d'auoir des Liures, *vt illi sint cœnationum ornamenta, quàm vt studiorum instrumenta*, puis qu'il se peut à bon droict nommer au moyen d'icelle Cosmopolite ou habitant de tout le monde, qu'il peut tout sçauoir, tout voir, & ne rien ignorer, bref puis qu'il est maistre absolu de ce contentement, qu'il le peut mesnager à sa fantaisie, le prendre quand il veut, le quitter quand il luy plaist, l'entretenir tant que bon luy semble, & que sans contredict, sans trauail & sans

Seneca cap. 9. lib. 1. de tranquillit.

peine il se peut instruire & cognoistre les particularitez plus precises de

Tout ce qui est, qui fut, & qui peut
estre
En terre, en mer, au plus caché des
Cieux.

Ie diray donc pour le resultat de ces raisons, & de beaucoup d'autres, qu'il vous est plus facile de conceuoir qu'à nul autre de les exprimer, que ie ne pretends point par icelles vous engager à vne despence superfluë & grandement extraordinaire, n'estant point de l'opinion de ceux qui croyent que l'or & l'argent sont les principaux nerfs d'vne Bibliotheque, & qui se persuadent (n'estimans les Liures qu'au prix qu'ils ont cousté) que l'on ne peut rien auoir de bon s'il n'est bien cher. Combien que ce ne soit pas aussi mon intention de vous persuader que ce grand amas se puisse faire sans frais ny bourse deslier, sçachant bien que le dite de Plaute est aussi veritable en cette occasion qu'en beaucoup d'autres, *Necesse est facere sumptum qui quærit lucrum:* mais bien de vous faire voir par ce present discours, qu'il y a vne infinité d'autres moyens desquels on se peut seruir auec beaucoup plus de facilité & moins de despence pour paruenir & toucher finalement au but que ie vous propose.

II. La façon de s'instruire & sçauoir côme il faut dresser vne Bibliotheque.

Or entre iceux, M. i'estime qu'il n'y en a point de plus vtile & necessaire que de se bien instruire auparauant que de rien aduancer en cette entreprise, de l'ordre & de la de la methode qu'il faut precisémét garder pour en venir à bout: Ce qui se peut faire par deux moyens assez faciles & asseurez: le premier desquels est de prendre l'aduis & conseil de ceux qui nous le peuuent donner, concerter & animer de viue voix, soit qu'ils le puissent faire, ou pour estre personnes de lettres, bon sens & iugement, qui par ce moyen sont en possession de parler à propos & bien discourir & raisonner sur toutes choses: ou bien parce qu'ils poursuiuent la mesme entreprise auec estime & reputation d'y mieux rencontrer & d'y proceder auec plus d'industrie, de precaution & de iugement, que ne font pas les autres, tels que sont aujourd'huy Messieurs de Fontenay, Halé, du Puis, Ribier, des Cordes, & Moreau, l'exemple desquels on ne peut manquer de suiure; puis que suiuant le dire de Pline le ieune, *Stultissimum esset ad imitandum, non optima quæque sibi proponere:* & que pour ce qui est de vostre particulier, la diuersité de leur procedé vous pourra tousjours fournir quelque nouuelle addresse & lumiere qui ne sera peut estre pas inutile au progrez & à l'auancement de vostre Bibliotheque, par la recherche des bons liures, & de ce qui est le plus curieux dans chacune des leurs.

lib. 1. epist. 5.

Le second est de consulter & recueillir soigneusement le peu de preceptes qui se peuuent tirer des liures de quelques Autheurs qui ont escrit legerement & quasi par maniere d'acquit sur cette matiere, comme par exemple, du conseil de Baptiste Cardone, du *Philobiblion* de Richard de Bury, de la vie de Vincent Pinelli, du liure de Posseuin *de cultura ingeniorum*, de celuy que Lipse a faict sur les Bibliotheques, & de toutes les diuerses Tables, Indices & Catalogues: Et se regler aussi sur les plus grandes & renommees Bibliotheques que l'on ait iamais dressees, veu que si l'on veut suiure l'aduis & le precepte de Cardan, *His maximè in vnaquaque re credendum est qui vltimum de se experimentum dederint.* En suitte de quoy il ne faut point obmettre & negliger de faire transcrire tous les Catalogues non seulement des grandes & renommees Bibliotheques,

lib. 3. de vtilit. cap. ex aduers. cap. de contemptu.

soit qu'elles soient vieilles ou modernes, publiques ou particulieres, & en la possession des nostres ou des estrangers : mais aussi des Estudes & Cabinets, qui pour n'estre cognus ny hantez demeurent enseuelis dans vn perpetuel silence. Ce qui ne semblera point estrange & nouueau si on considere quatre ou cinq raisons principales qui m'ont faict auancer cette proposition : la premiere desquelles est qu'on ne peut rien faire à l'imitation des autres Bibliotheques si l'on ne sçait par le moyen des Catalogues qui en sont dressez ce qu'elles contiennent: La secōde, parce qu'ils nous peuuent instruire des liures, du lieu, du temps & de la forme de leur impression : La troisiesme, d'autant qu'vn esprit genereux & bien nay doit auoir le desir & l'ambition d'assembler comme en vn blot tout ce que les autres possedent en particulier, *vt quæ diuisa beatos efficiunt, in se mixta fluant.* La quatriesme, parce que c'est faire plaisir & seruice à vn amy quãd on ne luy peut fournir le liure duquel il est en peine, de luy monstrer & designer au vray le lieu où il en pourroit trouuer quelque copie, comme l'on peut faire facilement par le moyen de ces Catalogues. Finalement à cause que nous ne pouuons pas par nostre seule industrie sçauoir & cognoistre les qualitez d'vn si grand nombre de liures qu'il est besoin d'auoir, il n'est pas hors de propos de suiure le iugement des plus verſez & entendus en cette matiere, & d'inferer en cette ſorte, Puis que ces liures ont eſté recueillis & achetez par tels & tels, il y a bien de l'apparence qu'ils meritent de l'eſtre, pour quelque circonſtance qui nous eſt incognuë. Et en effect ie puis dire auec verité, que pendant l'eſpace de deux ou trois ans que i'ay eu l'honneur de me rencontrer auec Monſieur de P. chez les Libraires, ie luy ay veu ſouuent acheter de ſi vieux liures & ſi mal couuerts & imprimez, qu'ils me faiſoient ſouſrire & eſmerueiller tout enſemble, iuſques à ce que prenant la peine de me dire le ſujet & les circonſtances pour leſquelles il les achetoit, ſes cauſes & raiſons me ſembloient ſi pertinentes, que ie ne ſeray iamais diuerti de croire qu'il est plus versé en la cognoissance des liures, & qu'il en parle auec plus d'experience & de iugement qu'homme qui soit non seulement en France, mais en tout le reste du Monde.

III. La quantité de liures qu'il y faut mettre.

Cette difficulté premiere estant ainsi deduite & expliquee, celle qui la doit suiure & costoyer de plus prés nous oblige à rechercher s'il est à propos de faire vn grand amas de Liures, & rendre vne Bibliotheque celebre, sinon par la qualité, au moins par la nompareille & prodigieuse quantité de ses volumes. Car il est vray que c'est l'opinion de beaucoup, que les Liures sont semblables aux loix & sentences des Iurisconsultes, lesquelles *æstimantur pondere & qualitate, non numero*, & qu'il appartient à celuy là seul de discourir à propos sur quelque poinct de doctrine qui s'est le moins occupé à la diuerse lecture de ceux qui en ont escrit. Et en effect il semble que ces beaux preceptes & aduertissemens moraux de Seneque, *Paretur librorum quantum satis est nihil in apparatum. Onerat discentem turba, non instruit, multóque satius est paucis te auctoribus tradere, quàm errare per multos. Quum legere non possis quantum habeas, sat est te habere quantum legas*, & plusieurs autres semblables qu'il nous donne en cinq ou six endroits de ses Oeuures puissent aucunement fauoriser & fortifier cette opinion par l'authorité de ce grand personnage. Mais si nous la voulons renuerser entierement pour establir

épist.2.lib.4.
lib.1.de tranquil.cap.9.
epist.2.

establir la nostre comme plus probable, il ne faut que se fonder sur la difference qu'il y a entre le trauail d'vn particulier & l'ambition de celuy qui veut paroistre par le moyen de sa Bibliotheque, ou entre celuy qui ne veut satisfaire qu'à soy mesme, & celuy qui ne cherche qu'à contenter & obliger le public. Car il est certain que toutes ces raisons precedentes ne butent qu'à l'instruction de ceux qui veulent iudicieusemét & auec ordre & methode faire quelque progrez en la Faculté qu'ils suiuent, ou plustost à la condamnation de ceux qui tranchent des sçauans & contrefont les capables, encores qu'ils ne voyent non plus ce grand amas de Liures qu'ils ont faict que les bossus (auſquels le Roy Alphonse auoit coustume de les comparer) cette grosse masse qu'ils portent derriere eux. Ce qui est à bon droict blasmé par Seneque és lieux alleguez cy dessus, & plus ouuertement encore quand il dit; *Quo mihi innumerabiles libros & Bibliothecas; quarum dominus vix tota vita sua indices perlegit?* comme aussi par cet Epigramme qu'Ausone auec beaucoup de grace & naïfueté addressé *ad Philomusum*,

lib. 1. de tranquil. cap. 9.

Empsis quod libris tibi Bibliotheca referta est,
Magnum & Grammaticum te Philomuse putas;
Hoc genere & chordas, & plectra, & barbita conde,
Omnia mercatus, cras citharœdus eris.

Mais vous, M. qui estes en reputation de plus sçauoir que l'on ne vous a peu enseigner, & qui vous priuez de toute sorte de contentement pour iouyr & vous plonger tout à faict dans celuy que vous prenez à courtiser les bons Autheurs, c'est à vous propremẽt à qui il appartient d'auoir vne Bibliotheque des plus augustes & des plus amples qui ait iamais esté, à celle fin qu'il ne soit dict à l'aduenir qu'il n'a tenu qu'au peu de soin que vous aurez eu de donner cette piece au public & à vous mesme, que toutes les actions de vostre vie n'ayent surpassé les faicts heroïques de tous les plus grands personnages. C'est pourquoy i'estimeray tousiours qu'il est tres-à-propos de recueillir pour cet effect toutes sortes de Liures, (sous quelques precautions neantmoins que ie deduiray cy apres) puis qu'vne Bibliotheque dressée pour l'vsage du public doit estre vniuerselle, & qu'elle ne peut pas estre telle si elle ne contient tous les principaux Autheurs qui ont escrit sur la grande diuersité des sujets particuliers, & principalement sur tous les Arts & Sciences, desquels si on vient à considerer le grand nombre dans le *Panepistemon* d'Ange Politian, ou dans vn autre Catalogue fort exact qui en a esté dressé depuis peu; ie ne fay aucun doute qu'on ne iuge par la grande quantité de Liures qui se rencontre ordinairement dans les Bibliotheques sur dix ou douze d'icelles, du plus grād nombre qu'il en faudroit auoir pour contenter la curiosité des lecteurs sur toutes les autres. D'où ie ne m'estonne point si Ptolomee Roy d'Egypte auoit amassé pour cet effect non cent mil volumes, comme veut Cedrenus, non quatre cens mille come dit Seneque, non cinq cens mille, comme l'asseure Iosephe, mais sept cens mille comme tesmoignent & demeurent d'accord Aulugelle, Ammian Marcellin, Sabellic, & Volaterran: ou si Eumenes fils d'Attalus en auoit recueilly deux cens mille, Constantin six vingts mille, Sammonique Precepteur de l'Empereur Gordian le ieune soixante & deux mille, Epaphroditus simple Grammairien trente mille; & si Richard de Bury, M. de Thou, &

lib. 22.
lib. 1. de tranquil. cap. 9.
lib. 12. antiq. Iud. cap. 2.
lib. 6. noct. Attic. c. vlt.
Enneade 6. lib. 7.
l. 17. Antrop.
Alexand. ab Alex. l. 2. c. 30.
Zonaras.
Plutarch. in Sylla.

le Cheualier Bodleui en ont faict si bonne prouision, que le seul Catalogue de chacune de leurs Bibliotheques peut faire vn iuste volume. Aussi faut-il confesser qu'il n'y a rien qui rende vne Bibliotheque plus recommandable que lors qu'vn chacun y trouue ce qu'il cherche, ne l'ayant peu trouuer ailleurs, estant necessaire de poser pour maxime, qu'il n'y a liure tant soit-il mauuais ou descrié qui ne soit recherché de quelqu'vn auec le temps, parce que suiuât le dire du Poëte Satyrique,

Pers. Sat. 5.

Mille hominum species, & rerum discolor vsus,
Velle suum cuique est, nec voto viuitur vno.

& qu'il est des lecteurs comme des trois conuiez d'Horace,

Poscentes vario nimium diuersa palato; lib. 2. epist. 2. les Bibliotheques ne pouuans mieux estre comparees qu'au pré de Seneque, où chaque animal trouue ce qui luy est propre, *Bos herbam, canis leporẽ, ciconia lacertum.* epist. 118. Et de plus il faut encore croire que tout homme qui recherche vn liure le iuge bon, & le iugeant tel sans le pouuoir trouuer est contraint de l'estimer curieux & grandement rare, de sorte que venant en fin à le rencontrer en quelque Bibliotheque, il se persuade facilement que le maistre d'icelle le cognoissoit aussi bien que luy, & l'auoit acheté pour les mesmes intentions qui l'excitoient à le rechercher, & en suitte de ce conçoit vne estime nompareille & du maistre & de la Bibliotheque, laquelle venant puis apres à estre publiee, il ne faut que peu de rencontres semblables, ioints à la cômune opinion du vulgaire, *cui magna pro bonis sunt*, pour satisfaire & recompéser vn homme qui a tant soit peu l'honneur & la gloire en recommendation de tous ses frais & de toute sa peine. Et de plus si on veut entrer en consideration des temps, des lieux, & des inuentions nouuelles, personne de iugement ne peut douter qu'il ne nous soit maintenât plus facile d'auoir des milliers de liures qu'il n'estoit aux anciens d'en auoir des centaines, & que par côsequent ce nous feroit vne honte & vn reproche eternel si nous leur estions inferieurs en ce poinct, où ils peuuent estre surmontez auec tant d'auantage

Senec. ep. 118.

rage & de facilité. Finalement comme la qualité des liures augmente de beaucoup l'estime d'vne Bibliotheque enuers ceux qui ont le moyen & le loisir de la recognoistre, aussi faut-il aduouer que la seule quantité d'iceux la met en lustre & en credit tant enuers les estrangers & passans, que beaucoup d'autres qui n'ont pas le temps ny la cõmodité de la fueilleter aussi curieusement en particulier, comme il leur est facile de iuger promptement par le grand nombre de ses volumes qu'il y en doit auoir vne infinité de bons, signalez & remarquables. Toutesfois pour ne laisser cette quantité infinie ne la definissant point, & aussi pour ne ietter les curieux hors d'esperance de pouuoir accõplir & venir à bout de cette belle entreprise, il me semble qu'il est à propos de faire comme les Medecins, qui ordonnent la quantité des drogues suiuant la qualité d'icelles, & de dire que l'on ne peut manquer de recueillir tous ceux qui auront les qualitez & conditions requises pour estre mis dans vne Bibliotheque. Ce que pour cognoistre il se faut seruir de plusieurs diorismes & precautiõs, qui peuuent estre beaucoup plus facilement pratiquees à la rencontre des occasions par ceux qui ont vne grande routine des liures, & qui iugent sainement & sans passion de toutes choses, que deduites & couchees par escrit, veu qu'elles sont presque infinies, & que pour le cõfesser ingenuëment quelqu'vnes d'icelles combattent les opinions communes & tiennent du Paradoxe.

IV. De quelle qualité & cōdition ils doiuent estre.

Ie diray neantmoins pour ne point obmettre ce qui nous doit seruir de guide & de phanal en cette recherche, que la premiere regle que l'on y doit obseruer est de fournir premierement vne Bibliotheque de tous les premiers & principaux Autheurs vieux & modernes, choisis des meilleures editions, en corps où en parcelles, & accompagnez de leurs plus doctes & meilleurs Interpretes & Commentateurs qui se trouuent en chaque Faculté, sans oublier celles qui sont le moins communes, & par consequent plus curieuses, comme par exemple des diuerses Bibles, des Peres & des

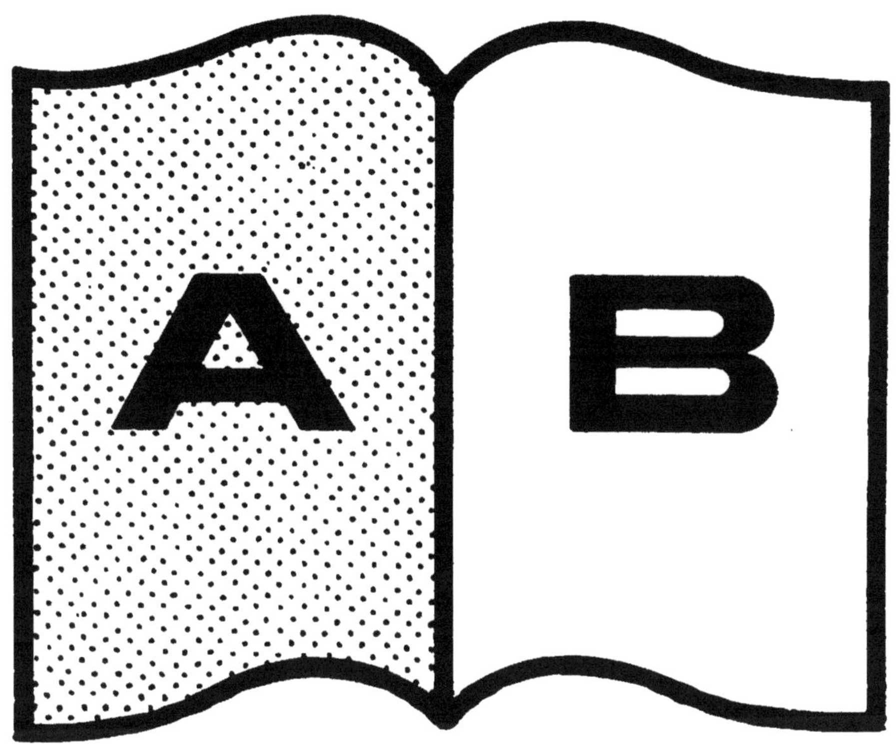

Contraste insuffisant

NF Z 43-120-14

Conciles, pour le gros de la Theologie; de Lyra, Hugo, Tostat, Salmeron, pour la Positiue; de S. Thomas, Occham, Durand, Pierre Lombart, Henry de Gand, Alexandre de Ales, Gilles de Rome, Albert le Grand, Aureolus, Burlee, Capreolus, Maior, Vasquez, Suarez, pour la Scholastique; des Cours Ciuil & Canon; Balde, Barthole, Cuias, Alciat, du Moulin, pour le Droict; d'Hipocrate, Galien, Paul Eginete, Oribase, Aece, Trallian, Auicenne, Auenzoar, Fernel, pour la Medecine; Ptolomee, Firmicus, Haly, Cardan, Stofler, Gauric, Iunctin, pour l'Astrologie; Halhazen, Vitellio, Baccon, Aguillonius, pour l'Optique; Diophante, Boece, Iordan, Tartaglia, Siliseus, Luc de Burgo, Villefranche, pour l'Arithmetique; Artemidore, Apomazar, Synesius, Cardan, pour les Songes : & ainsi de tous les autres qu'il seroit trop long & ennuyeux de specifier & nommer precisément.

Secondement d'y mettre tous les vieux & nouueaux Autheurs dignes de consideration, en leur propre langue & en l'idiome duquel ils se sont seruis, les Bibles & Rabins en Hebrieu, les Peres en Grec & en Latin, Auicenne en Arabe, Bocace, Dante, Petrarque, en Italien; & aussi leurs meilleures versions Latines, Françoises, ou telles qu'on les pourra trouuer: ce dernier pour l'vsage de plusieurs qui n'ont pas la cognoissance des langues estrangeres, & le premier d'autant qu'il est bien à propos d'auoir les sources d'où tant de ruisseaux coulent en leur propre nature sans art ny desguisement, & que de plus certaine efficace & richesse de conceptions se rencontre d'ordinaire en iceux qui ne peut retenir & conseruer son lustre que dans sa propre langue, comme les peintures en leur propre iour : pour ne rien dire de la necessité que l'on en peut auoir à la verification des textes & passages qui sont ordinairement controuersez ou reuoquez en doute.

Tiercement, ceux qui ont le mieux traicté les parties de quelque Science ou Faculté telle qu'elle soit, comme Bellarmin les Controuerses, Tolete & Nauarre les cas de conscience, Vesale l'Anatomie, Mathiole l'histoire des plantes, Gesner & Aldroandus celle des animaux, Rondelet & Saluianus celle des poissons, Vicomercat les Meteores, &c.

En quatriesme lieu, tous ceux qui ont mieux cómenté ou expliqué quelque Autheur ou Liure particulier, comme Pererius la Genese, Villalpandus Ezechiel, Maldonat les Euangiles, Monlorius & Zabarella les Analytiques, Scaliger l'histoire des plantes de Theophraste, Proclus & Marsile Ficin le Platon, Alexandre & Themistius l'Aristote, Flurance Riuault l'Archimede, Theon & Campanus l'Euclide, Cardan Ptolomee: Ce qui se doit obseruer en toutes sortes de Liures & Traictez vieux ou modernes qui auront rencontré des Interpretes & Commentateurs.

Puis apres tous ceux qui ont escrit & faict des Liures & Traictez sur quelque sujet particulier, soit qu'il concerne l'espece ou l'indiuidu, comme Sanchez qui a traicté amplement *de Matrimonio*, de Sainctes & du Perron de l'Eucharistie, Gilbert de l'aimant, Maier *de volucri arborea*, Scortia, Vendelinus, Nugarola, du Nil: Ce qui se doit entendre de toutes sortes de Traictez particuliers en matiere de Droict, Theologie, Histoire, Medecine, ou quelque autre que ce puisse estre, auec cette discretion neantmoins que celle qui approche le plus de la profession que l'on suit soit preferee aux autres.

En

En ſuitte tous ceux qui ont eſcrit le plus heureuſement contre quelque Science, ou qui ſe ſont opposez auec plus de doctrine & d'animoſité (ſans toutesfois rien innouer ou changer des principes) aux Liures de quelques Autheurs des plus celebres & renommez. C'eſt pourquoy on ne doit pas negliger Sextus Empiricus, Sanchez, & Agrippa, qui ont faict profeſſion de renuerſer toutes les Sciences, Pic de la Mirande qui a ſi doctement refuté les Aſtrologues, Eugubinus qui a foudroyé l'impieté des Salmonees & irreligieux, Moriſotus qui a renuerſé l'abus des Chymiſtes, Scaliger qui a ſi bien rencontré contre Cardan qu'il eſt aujourd'huy plus ſuiui en quelques endroits d'Allemagne qu'Aristote, Casaubon qui a bien osé attaquer les Annales de ce grand Cardinal Baronius, Argentier qui a pris Galien à tasche, Thomas Eraste qui a pertinemment refuté Paracelse, Charpentier qui s'est vigoureusement opposé à Ramus; & finalement tous ceux qui se sont exercez en pareille escrime, & qui sont tellement enchaisnez les vns auec les autres, qu'il y auroit autant de faute à les lire separément comme à iuger & entendre vne partie sans l'autre, ou vn contraire sans celuy qui luy est opposé.

Il ne faut aussi obmettre tous ceux qui ont innoué ou changé quelque chose és Sciences, car c'est proprement flatter l'esclauage & la foiblesse de nostre esprit que de couurir le peu de cognoiſſance que nous auons de ces Autheurs ſous le meſpris qu'il en faut faire à cauſe qu'ils ſe ſont oppoſez aux Anciens, & qu'ils ont doctement examiné ce que les autres auoient couſtume de receuoir comme par tradition: C'eſt pourquoy veu que depuis peu plus de trente ou quarante Autheurs de nom ſe ſont declarez contre Ariſtote, que Coopernic, Kepler & Galilæus ont tout changé l'Aſtronomie; Paracelſe, Seuerin le Danois, du Cheſne & Crollius la Medecine; & que pluſieurs autres ont introduit de nouueaux principes, & baſti ſur iceux des ratiocinations eſtranges, inouyës & non iamais preueuës; ie dis que tous ces Autheurs ſont tres-neceſſaires dans vne Bibliotheque, puis que suiuant le dire commun,

Est quoque cunctarum nouitas gratissima rerum:

& que pour n'en demeurer à cette raison si foible, il est certain que la cognoissance de ces liures est tellement vtile & fructueuse à celuy qui sçait faire reflection & tirer profit de tout ce qu'il voit, qu'elle luy fournit vne milliace d'ouuertures & de nouuelles conceptions, lesquelles estans receues dans vn esprit docile, vniuersel & desgagé de tous interests,

Nullius addictus iurare in verba magistri,

elles le font parler à propos de toutes choses, luy ostent l'admiration, qui est le vray signe de nostre foiblesse, & le façonnent à raiſonner ſur tout ce qui ſe preſente auec beaucoup plus de iugement, preuoyance & reſolution, que ne fait pas le commun des autres perſonnes de lettres & de merite.

On doit pareillement auoir cette conſideration au choix des Liures, de regarder s'ils ſont les premiers qui ayent eſté compoſez ſur la matiere de laquelle ils traictent, parce qu'il eſt de la doctrine des hommes comme de l'eau, qui n'eſt iamais plus belle, plus claire & plus nette qu'à ſa ſource, toute l'inuention venant des premiers, & l'imitation auec les redites des autres : comme l'on voit par effect que Reuchlin qui a le premier eſcrit de la langue Hebraïque & de la Cabale, Budee de la Grecque & des Monnoyes, Bodin de la Republique, Cocles de la Physiognomie, Pierre Lombart & S. Thomas de la Theologie Scholastique, ont mieux rẽcontré que beaucoup d'autres qui se sont meslez d'en escrire depuis eux.

De plus il faut aussi prendre garde si les matieres qu'ils traictent sont triuiales ou peu communes, curieuses ou negligees, espineuses ou faciles, d'autant que l'on peut bien appliquer aux liures curieux & nouueaux, ce que l'on dit de toutes les choses non vulgaires,

Rara iuuant, primis sic maior gratia pomis,
Hybernæ pretium sic meruere rosæ.

Sous l'adueu doncques de ce precepte on doit ouurir les Bibliotheques, & receuoir en icelles ceux là premierement qui ont escrit sur des matieres peu cognuës, & & qui n'auoient esté traictees auparauant sinon par fragments & à bastons rompus, comme Licetus qui a escrit *de spontaneo viuentium ortu, de lucernis antiquorum*, Tagliacotius de la façon de refaire les nez coupez, Libauius & Goclin de l'onguent Magnetique. Secondement tous les curieux & non vulgaires, comme sont les liures de Cardan, Pomponace, Brunus, & tous ceux qui traictent de la Caballe, Memoire artificielle, Art de Lulle, Pierre Philosophale, Diuinations, & autres matieres semblables: Car encore bien que la plus-part d'icelles n'enseignent rien que des choses vaines & inutiles, & que ie les tienne pour des pierres d'achopement à tous ceux qui s'y amusent; si est-ce neantmoins que pour auoir de quoy contenter les foibles esprits aussi bien que les forts, & satisfaire au moins à ceux qui les veulent voir pour les refuter, il faut recueillir ceux qui en traictent, deussent ils estre parmy les autres liures d'vne Bibliotheque comme les serpens & viperes entre les autres animaux, comme l'iuroye dans le bon bled, comme les espines entre les roses; & ce à l'exemple du monde où ces choses inutiles & dangereuses accomplissent le chef-d'œuure & la fabrique de sa composition.

Cette maxime nous doit faire passer à vne autre de pareille consequence,

sequence, qui est de ne point negliger toutes les œuures des principaux Heresiarques ou fauteurs de Religions nouuelles & differentes de la nostre plus commune & reueree, comme plus iuste & veritable. Car il y a bien de l'apparẽce, puis que les premiers d'iceux (pour ne parler que des nouueaux) ont esté choisis & tirez d'entre les plus doctes personnages du siecle precedent, qui par ie ne sçay quelle fantaisie & trop grand amour de la nouueauté quittoient leur froc & la banniere de l'Eglise Romaine pour s'enroller sous celle de Luther & Caluin, & que ceux d'aujourd'huy ne sont admis à l'exercice de leur Ministere qu'apres vn long & rude examen sur les trois langues de la saincte Escriture, & les principaux poincts de la Philosophie & Theologie : il y a bien de l'apparence, dy-ie, qu'excepté les passages controuersez ils peuuent quelquefois bien rencontrer sur les autres, cōme en beaucoup de traictez indifferents sur lesquels ils trauaillent souuēt auec beaucoup d'industrie & de felicité. C'est pourquoy puis qu'il est necessaire que nos Docteurs les trouuent en quelques lieux pour les refuter, que M. de T. n'a point faict difficulté de les recueillir, qne les anciens Peres & Docteurs les auoiēt chez eux, que beaucoup de Religieux les gardent en leurs Bibliotheques, qu'on ne fait point scrupule d'auoir vn Thalmud ou vn Alcoran qui vomissent mille blasphemes contre Iesus-Christ & nostre Religion, beaucoup plus dangereux que ceux des Heretiques, que Dieu nous permet de tirer profit de nos ennemis, suiuant ce qui est dict par le Psalmiste, *Salutem ex inimicis nostris, & de manu omnium qui oderunt nos*, qu'ils ne peuuent estre preiudiciables qu'à ceux qui estans destituez d'vne bonne conduitte se laissent emporter au premier vent qui souffle, & s'ombragent de cheneuotes; & pour conclure en vn mot, puis que l'intention qui determine toutes nos actions au bien ou au mal n'est point vicieuse ny cauterisee; ie croy qu'il n'y a point d'extrauagances ou de danger d'auoir dans vne Bibliotheque (sous la caution neantmoins d'vne licence & permission prise de qui il appartiendra) toutes les œuures des plus doctes & fameux Heretiques, tels qu'ont esté Luther, Melancthon, Pomeran, Bucer, Caluin, Beze, Daneau, Gaultier, Hospinian, Paré, Bulenger, Marlorat, Chemnitius, Bernard Occhin, Pierre Martyr, Illiricus, Osiander, Musculus, les Centuriateurs, du Iong, Mornay, du Moulin, voire mesmes plusieurs autres de moindre consequence, *quos fama obscura recondit.*

Il faut pareillement tenir pour maxime, que tous les corps & assemblages des diuers Autheurs qui ont escrit sur vn mesme sujet, tels que sont le Thalmud, les Conciles, la Bibliotheque des Peres, *Thesaurus Criticus*, *Scriptores Ger-*

manici, Turcici, Hispanici, Gallici, Catalogus testium veritatis, Monarchia Imperij, Opus magnum de balneis, Authores Gynecioru͂, De morbo Neapolitano, Rhetores antiqui, Grammatici veteres, Oratores Græciæ, Flores Doctorum, Corpus Poetarum, & tous ceux qui contiennent de semblables recueils, doiuent necessairement estre mis dans les Bibliotheques; d'autant qu'ils nous sauuent en premier lieu la peine de rechercher vne infinité de liures grandement rares & curieux; secondement parce qu'ils font place à beaucoup d'autres, & soulagent vne Bibliotheque; tiercement parce qu'ils nous ramassent en vn volume & commodément ce qu'il nous faudroit chercher auec beaucoup de peine en plusieurs lieux; & finalement pource qu'ils tirent apres eux vne grande espargne, estant certain qu'il ne faut pas tant de testons pour les acheter, qu'il faudroit d'escus si on vouloit auoir separément tous ceux qu'ils contiennent.

Ie tiens encore pour vn precepte autant necessaire que les precedents, qu'il faut trier & choisir d'entre le grand nombre de ceux qui ont escrit & escriuent iournellement, ceux qui paroissent comme vn Aigle dans les nuees, ou comme vn Astre brillant & lumineux parmi les tenebres, i'entends ces Esprits qui ne sont pas du commun,

quorumque ex ore profuso,
Omnis posteritas latices in dogmata ducit,

& desquels on se peut seruir comme de Maistres tres-parfaicts en la cognoissance de toutes choses, & de leurs œuures comme d'vne pepiniere de toute sorte de suffisance, pour enrichir vne Bibliotheque non seulement de tous leurs liures, mais mesme de leurs moindres fragments, papiers descousus, & mots qui leur eschappent. Car tout ainsi que ce seroit mal employer le lieu & l'argent que de vouloir ramasser toutes les œuures, & ie ne sçay quels fatras de certains Autheurs vulgaires & mesprisez : aussi seroit-ce vne oubliance manifeste & vne faute inexcusable à ceux qui font profession d'auoir tous les meilleurs liures, d'en negliger aucun, par exemple d'Erasme, Chiaconus,

Onuphre, Turnebe, Lipse, Genebrard, Antoni⁹ Augustinus, Casaubon, Saumaisé, Bodin, Cardá, Patrice, Scáliger, Mercurial, & autres, les œuures desquels il faut prédre à yeux clos & sans aucun choix, le reseruant pour ne point nous tromper és liures rampans de ces Autheurs qui sont beaucoup plus rudes & grossiers: d'autant que tout ainsi que l'on ne peut ttop auoir de ce qui est bon & choisi à l'elite, de mesme aussi ne sçauroit-on auoir trop peu de ce qui est mauuais, & de quoy l'on ne doit esperer aucune vtilité ou profit manifeste.

Il ne faut aussi oublier toutes sortes de lieux communs, Dictionaires, Meslages, diuerses Leçons, Recueils de sentences, & telles autres

tres ſortes de Repertoires, parce que c'eſt autant de chemin faict & de matiere preparee pour ceux qui ont l'induſtrie d'en vſer auec aduãtage, eſtant certain qu'il y en a beaucoup qui font merueille de parler & d'eſcrire ſans qu'ils ayent guére veu d'autres volumes que ces mentionnez; d'où vient que l'on dit cõmunément que le Calepin, qui ſe prend pour toutes ſortes de Dictionaires, eſt le gaigne-pain des Regens, & quand ie diray de beaucoup d'entre les plus fameux perſonnages, ce ne ſera pas ſans raiſon, puis qu'vn des plus celebres entre les derniers en auoit plus d'vne cinquantaine où il eſtudioit perpetuellement, & que le meſme ayant trouué vn mot difficile à l'ouuerture du liure des

Equiuoques comme il luy fut presenté il eut incontinent recours à l'vn de ces Dictionaires, & transcriuit d'iceluy plus d'vne page d'escriture sur la marge dudit liure, & ce en presence de l'vn de de mes amis & des siens, auquel il ne se peut garder de dire que ceux qui verroient cette remarque croiroient facilement qu'il auroit esté plus de deux iours à la faire, combien qu'il n'eust eu que la peine de la descrire. Et pour moy ie tiens ces collections grandement vtiles & necessaires, eu esgard que la briefueté de nostre vie & la multitude des choses qu'il faut aujourd'huy sçauoir pour estre mis au rang des hommes doctes ne nous permettent pas de pouuoir tout faire de nous mesme: Ioint que n'estant permis à vn chacun ny en tous siecles de pouuoir trauailler à ses propres frais & despens, & sans rien emprunter d'autruy, quel mal y a-il si ceux qui ont l'industrie d'imiter la nature & de tellement diuersifier & approprier à leur sujet ce qu'ils tirent des autres, *vt etiam si apparuerit vnde sumptum sit, aliud tamen esse quàm vnde sumptum est appareat*, Seneca ep. 8. empruntent de ceux qui semblent n'estre faicts que pour prester, & puisent dans les reseruoirs & magasins destinez à cet effect; puis que nous voyons d'ordinaire que les Peintres & les Architectes font des ouurages excellens & admirables par le moyen des couleurs & materiaux que les autres leur broyent & leur preparent.

Finalement il faut pratiquer en cette occasion l'aphorisme d'Hipocrate, qui nous aduertit de donner quelque chose au temps, au lieu & à la coustume, c'est à dire que certaine sorte de liures ayant quelque fois le bruit & la vogue en vn pays qui ne l'a pas en d'autres, & au siecle present qui ne l'auoit pas au passé; il est bien à propos de faire plus grande prouision d'iceux que non pas des autres, ou au moins d'en auoir vne telle quãtité, qu'elle puisse tesmoigner que l'on s'accommode au temps, & que l'on n'est pas ignorant de la mode & de l'inclination des hommes. Et de là vient que l'on trouue ordinairement dans les Bibliotheques de Rome, Naples & Florance beaucoup de Positiue, dans

17. aphor. sect. 1.

celles de Milan & Pauie beaucoup de Iurisprudence, dans celles d'Espagne & les vieilles de Cãbrige & Oxfort en Angleterre beaucoup de Scholastiques, & dans celles de France beaucoup d'Histoires & Controuerses. Pareille diuersité s'estant faict aussi remarquer en la suitte des siecles à raison de la vogue qu'ont eu cõsecutiuement la Philosophie de Platon, celle d'Aristote, la Scholastique, les Langues & la Controuerse, qui ont toutes chacune à leur tour dominé en diuers temps, comme nous voyons que l'estude des Morales & Politiques occupe maintenant la plus-part des meilleurs & plus forts esprits de celuy-cy, pendant que les plus foibles s'amusent apres les fictions & Romans, desquels ie ne diray rien autre chose sinon ce qui fut dict autrefois par Symmaque de semblables narrations, *Sine argumento rerum loquacitas morosa displicet.*

lib.10.ep.51.

Ces preceptes & maximes communes estans si amplement expliquees, il ne reste plus pour accomplir ce Tiltre de la qualité des Liures, que d'en proposer deux ou trois autres, lesquelles seront indubitablement receuës comme extrauagantes & tres-propres à heurter l'opinion commune & inueteree dans les esprits de beaucoup, qui n'estiment les Autheurs que par le nombre ou la grosseur de leurs volumes, & ne iugent de leur merite & valeur que par ce qui a coustume de nous faire mespriser toutes les autres choses, sçauoir leur grande vieilleſſe & caducité, ſemblables en cela au vieillard d'Horace, lequel nous eſt repreſenté dans ſes œuures; *in arte Poet.*

Laudator temporis acti,
Præſentis cenſor, caſtigatórque futuri:

la nature de ces eſprits dominez eſtant pour l'ordinaire ſi eſpriſe & amoureuſe de ces images & pieces antiques, qu'ils ne voudroient pas regarder de bien loing quelque liure que ſe puiſſe eſtre ſi ſon Autheur n'eſt beaucoup plus vieil que la mere d'Euandre, ou que les ayeuls de Carpentra, ny croire que le temps puiſſe eſtre bien employé à la lecture des modernes, parce que ſuiuant leur dire ils ne ſont que des Rapſodeurs, Copiſtes ou Plagiaires, & n'approchent en rien de l'eloquence, de la doetrine & des belles conceptions des anciens, ausquels pour cette cause ils se tiennent aussi fermement attachez comme le poulpe fait à la roche, sans se partir en aucune façon de leurs liures ou de leur doctrine, qu'ils n'estiment iamais comprendre qu'apres l'auoir remaschée tout le temps de leur vie: d'où ce n'est point chose extraordinaire si au bout du compte & apres auoir bien sué & trauaillé ils ressemblent à cet ignorât Marcellus qui se vantoit par tout d'auoir leu huict fois Thucidide, ou à ce Nonnus duquel parle Suidas qui auoit leu dix fois tout son Demosthene, sans auoir iamais sceu plaider ou discourir de chose quelconque. Et à vray dire il n'y a rien si propre à faire deuenir vn homme

homme pedant & l'esloigner du sens commun, que de mespriser tous les Autheurs modernes, pour courtiser seulement quelques-vns des anciens, comme s'ils estoient seuls paisibles gardiens des plus grandes faueurs que peut esperer l'esprit de l'homme, ou que la Nature ialouse de l'honneur & du credit de ses fils aisnez eust voulu pousser sa puissance iusques à l'extremité pour les combler de ses graces & liberalitez à nostre preiudice. Certes ie ne croy pas qu'autres que ces Messieurs les Antiquaires se puissent arrester à telles opinions, ou se repaistre de telles fables, veu que tant de nouuelles inuentions, tant de nouueaux dogmes & principes, tant de châgemens diuers & inopinez, tant de liures doctes, de fameux personnages, de nouuelles conceptions, & finalement tant de merueilles que nous voyons tous les iours naistre, tesmoignent assez que les esprits sont plus forts, polis & deliez qu'ils ne furet iamais, & que l'on peut dire aujourd'huy auec toute asseurance & verité,

Sumpserunt artes hac tempestate decorem,
Nulláque non melior quàm prius ipsa fuit:

ou faire le mesme jugement de nostre siecle, que Symmaque faisoit du sien, *Habemus sæculum virtuti amicum, quo nisi optimus quisque gloriam parit, hominis est culpa, non temporis.* D'où l'on peut inferer que ce seroit vne grande faute à celuy qui fait profession d'assembler vne Bibliotheque, de ne point mettre en icelle Piccolomini, Zabarelle, Achillin, Niphus, Pomponace, Licetus, Cremonin, auprés des vieux Interpretes d'Aristote, Alciat, Tirateau, Cuias, du Moulin, auprés le Code & le Digeste; la Somme d'Alexandre de Ales & de Henry de Gandauo, auprés de celle de S. Thomas; Clauius, Maurolic & Viette, auprés d'Euclide & Archimede; Montagne, Charon, Verulam, auprés de Seneque & Plutarque; Fernel, Syluius, Fusth, Cardan, auprés de Galien & d'Auicenne; Erasme, Casaubon, Scaliger, Saumaise, auprés de Varron; Commines, Guicciardin, Sleidan, auprés de Tite-Liue & Corneille Tacite, l'Arioste, Tasso, du Bertas, auprés Homere &

& Virgile, & ainsi consecutiuement de tous les modernes plus fameux & renommez: Veu que si le capricieux Boccalini auoit entrepris de les balancer auec les anciens, peut-estre en trouueroit-il beaucoup de plus foibles, & fort peu qui les surpassent.

La seconde maxime, qui ne semblera peut-estre moins tenir du paradoxe que cette premiere, est directement contre l'opinion de ceux qui n'estiment les liures qu'au prix & à la grosseur, & qui sont bien aises & se croyent bien honorez d'auoir vn Tostat dans leurs Bibliotheques parce qu'il y a quatorze volumes, ou vn Salmeron parce qu'il y en a huict, negligeans de recueillir & ramasser vne infinité de petits liurets parmy lesquels il s'en trouue ſouuent de ſi bien faicts & doctement compoſez, qu'il y a plus de profit & de contentement à les lire, que non pas beaucoup d'autres de ces rudes & peſantes maſſes indigeſtes & mal polies, au moins pour la plus-part ; le dire de Seneque eſtant tres-veritable, *Non eſt facile inter magna non deſipere*, & ce que Pline diſoit d'vne des oraiſons de Ciceron, *M. Tullij oratio fertur optima quæ maxima*, ne pouuant eſtre appliqué à ces liures monſtrueux & Gigantins : comme en effect il eſt preſque impoſſible que l'eſprit demeure touſiours tendu à ces grands labeurs, & que le ramas & la grande confuſion des choſes que l'on veut dire n'eſtouffent la fantaiſie & n'em-

6. quaſtion. nat. cap. 18.

brouillent trop la raciocination; où au contraire ce qui nous doit faire estimer les petits liures, qui traictent neantmoins de choses serieuses ou de quelque beau poinct releué, c'est que l'Autheur d'iceux domine entierement à son sujet, comme l'ouurier & l'artisan fait à sa matiere, & qu'il peut mieux le remascher, cuire, digerer, polir & former à sa fantaisie, que non pas les vastes collections de ces grands & prodigieux volumes, qui pour cette cause sont le plus souuent des Panspermies, des cahos & abysmes de confusion,

Ouid. 1. Metamorph.

rudis indigestáque moles,
Nec quicquam nisi pondus iners congestáque eodem,
Non bene iunctarum discordia semina rerum.

Et de là vient vn ſuccez ſi inegal qui ſe fait remarquer entre les vns & les autres; comme par exemple entre les Satyres de Perſe & de Philelphe, l'Examen des eſprits de Huarto & celuy de Zara, l'Arithmetique de Ramus & celle de Forcadel; le Prince de Machiauel & celuy de plus de cinquante Pedants, la Logique de du Moulin & celle de Vallius, les Annales de Voluſius & l'Hiſtoire de Saluſte, le Manuel d'Epictete & les Secrets Moraux de Loriot, les œuures de Fracaſtor & celles d'vne infinité de Philoſophes & Medecins; tant eſt veritable ce qu'a fort bien dict S. Thomas, *Nuſquam ars magis quàm in minimis tota eſt*; & ce que Cornelius Gallus auoit auſſi couſtume de ſe promettre de ſes petites Elegies,

Nec minus est nobis per pauca volumina fama,
Quam quos nulla satis Bibliotheca capit.

Mais ce qui me fait le plus estonner en cette rencontre, c'est que tel negligera les œuures & Opuscules de quelque Autheur, pendant qu'elles sont esparses & separees, qui brusle par apres du desir de les auoir quand elles sont recueillies & ramassees en vn volume: Et tel negligera, par exemple, les Oraisons de Iacques Criton parce qu'elles ne se trouuent qu'imprimees separément, qui aura dans sa Bibliotheque celles de Raymond, Gallutius, Nigronius, Bencius, Perpinian, & de beaucoup d'autres Autheurs, non

non pas qu'elles soient meilleures ou plus disertes & eloquentes que celles de ce docte Escossois, mais parcequ'elles se trouuent reserrées & contenuës dans de certains volumes. Certes si tous les petits liures deuoient estre negligez, il ne faudroit tenir compte des Opuscules de S. Augustin, des Morales de Plutarque, des liures de Galien, ny de la pluspart de ceux d'Erasme, de Lipse, Turnebe, Mizault, Syluius, Calcagnin, François Pic, & de beaucoup d'Autheurs semblables, non plus que de trente ou quarante petits Autheurs en Medecine & Philosophie des meilleurs & plus anciens d'entre les Grecs, & de beaucoup d'auantage d'entre les Theologiens ; parce qu'ils ont tous esté diuulguez à part & separément les vns apres les autres, & en si petit volume, que les plus grands d'iceux n'excedent pas souuent vn demy alphabet. C'est pourquoy puis que l'on peut assembler par la relieure ce qui ne l'a point esté par l'impression, cõioindre auec d'autres ce qui se perdroit s'il estoit seul, & qu'il se rencontre en effect vne infinité de matieres, qui n'ont esté traictees que dans ces petits liures, desquels on peut dire à bon droict comme Virgile des abeilles,

4.Georgic.

Ingentes animos angusto in corpore versant:

il me semble qu'il est tres-à-propos de les tirer des estalages, des vieux magazins, & de tous les lieux où ils se rencontrent, pour les faire relier auec ceux qui sont ou de mesme Autheur, ou de pareille matiere, & puis apres les mettre dans vne Bibliotheque, où ie m'asseure qu'ils feront admirer l'industrie & la diligence des Esculapes qui ont si bien sceu rejoindre & rassembler les membres desvnis & separez de ces paures Hippolites.

La troisiesme, que l'on iugeroit de prime face estre contraire à la premiere, combat particulierement l'opinion de ceux qui sont tellement coiffez & embeguinez de tous les nouueaux liures, qu'ils negligent & ne tiennent compte non de tous les anciens, mais des Autheurs qui ont eu la vogue & qui ont paru fleurissans & renommez depuis six ou sept cens ans, c'est à dire depuis le siecle de Boece, Symmaque, Sydonius & Cassiodore, iusques à celuy de Picus, Politian, Hermolaus, Gaza, Philelphe, Poge & Trapezonce, comme sont beaucoup de Philosophes, Theologiens, Iurisconsultes, Medecins, & Astrologues, que leur seule impression noire & Gothique met dans le dégoust des plus delicats Estudians de ce siecle, & ne permet pas qu'ils les puissent regarder qu'à la honte & au mespris de ceux qui les ont composez. Ce qui vient proprement de ce que les siecles ou les esprits qui paroissent en iceux ont des Genies diuers & des inclinations du tout differentes, ne demeurans gueres dans vn mesme ton de pareille estude ou affection aux Sciences, & n'ayans rien si asseuré que leur vicissitude ou changement. Comme en effect nous voyons qu'incontinent apres la naissance de la Religion Chrestienne (pour ne prendre les choses de plus haut) la Philosophie de Platon estoit vniuersellement suiuie dans les Escholes, & que la plus-part des Peres estoient Platoniciens: Ce qui dura iusques à ce qu'Alexandre Aphrodisee luy donna puissamment du coulde pour installer celle des Peripateticiens, & tracer le chemin aux Interpretes Grecs & Latins, qui demeurerent tellement attachez à l'explication du texte d'Aristote, que l'on y seroit encore sans beaucoup de fruict, si les Questionnaires & Scholastiques, induits par Abelard, ne se fussent mis sur les rangs pour dominer par tout, auec vne approbation la plus grande & la plus vniuerselle qui ait iamais esté donnee à chose quelconque, & ce par l'espace d'enuiron cinq ou six siecles: aprés lesquels les Heretiques nous rappellerent à l'interpretation des sainctes Lettres, & furent occasion de nous faire lire la Bible & les saincts Peres, qui auoient tousiours esté negligez parmy ces ergotismes: en suitte de quoy la Controuerse a maintenant lieu pour ce qui est de la Theologie, & les Questionnaires auec les Nouateurs, qui bastissent sur de nouueaux principes, ou restablissent ceux des anciens Empedocle, Epicure, Philolaus, Pithagore, & Democtite, pour la Philosophie; les autres Facultez n'ayans esté exemptes de pareils changemens; parmy lesquels c'est tousiours l'ordinaire des esprits qui suiuent ces fougues & changemens, comme le poisson fait la maree, de ne se plus soucier de ce qu'ils ont vne fois quitté, & de dire temerairement auec le Poëte Calphurne, Eclog. 7.

Vilia sunt nobis quæcunque prioribus annis

Vidimus, & sordet quicquid spectauimus olim.

De façon que la plus-part des bons Autheurs demeurent par ce moyen sur la greue abandonnez & negligez d'vn chacun, pendant que de nouueaux Censeurs ou Plagiaires s'introduisent en leur place & s'enrichissent de leurs despouilles. Et à la verité c'est vne chose estrange & peu raisonnable, que nous suiuions & approuuions, par exemple, le College des Conimbres & Suarez en ce qui est de la Philosophie, & que nous venions à negliger les œuures d'Albert le grand, Niphus, Ægidius, Saxonia, Pomponace, Achillin, Heruié, Durand, Zimare, Buccaferre, & d'vn grand nombre de semblables, desquels tous ces gros liures que nous suiuons maintenant sont compilez & transcrits mot pour mot: Que nous faisions vne estime nompareille d'Amatus, Thriuier, Capiuacce, Montanus, Valeseus, & de presque tous les Medecins modernes, & que nous ayons honte de fournir vne Bibliotheque des liures de Hugo Senensis,

Senensis, Iacobus de Forliuio, Iacques des Parts, Valescus, Gordon; Thomas, Dinus, & de tous les Auicennistes, qui ont veritablement suiui le Genie de leur siecle rude & grossier en ce qui estoit de la barbarie de la langue Latine, mais qui ont tellement penetré le fonds de la Medecine, au recit mesme de Cardan, que beaucoup de nos Modernes n'ayans pas assez de resolution, de constance & d'assiduité pour les suiure & imiter, sont contraints de prendre quelqu'vnes de leurs raisons pour les reuestir à la mode, & en faire parade & iactance, demeurans tousiours sur la superficie des fleurs & du langage, où sans penetrer plus auant,

Decerpunt flores, & summa cacumina captant.

lib. 16. de subtil. Exercitat. 324. 340.

Quoy doncques sera-il dict que Scaliger & Cardan, les deux plus grāds personnages du dernier siecle, s'accordent en vn seul poinct; qui concerne les louanges de Richard Suisset, autrement nommé Calculator, qui viuoit il n'y a que trois cens ans, pour le mettre au rang des dix plus grands esprits qui ayent iamais esté, sans que nous puissions trouuer ses œuures dans toutes les plus fameuses Bibliotheques? Et quelle apparence y a-il que les sectateurs d'Occham Prince des Nominaux soient eternellement priuez de voir ses œuures, aussi bien que tous les Philosophes celles de ce grand & renōmé Auicenne? Certes il me semble que c'est apporter peu de iugement au choix & à la cognoissance des liures, que de negliger tous ces Autheurs, qui deuroient estre tant plus recherchez que plus ils sont rares, & qu'ils pourront d'oresnauant tenir la place des Manuscripts, puis que l'esperance est comme perduë qu'on les remette iamais sous la presse.

Finalement la quatriesme & derniere de ces maximes n'a pour but que le choix & triage que l'on doit faire des Manuscripts, pour s'opposer à cette façon introduitte & receuë de beaucoup par la grãde vogue qu'ont maintenant les Critiques, qui nous ont appris & accoustumez à faire plus d'estat de quelques Manuscripts de Virgile, Suetone, Perse, Terence, ou quelques autres d'entre les vieux Autheurs, que non pas de ceux des galands hommes qui n'ont iamais esté veus ny imprimez: cóme s'il y auoit quelque apparence de suiure tousiours le caprice ou les imaginations & tromperies de ces nouueaux Censeurs & Grammairiens, qui employent inutilement le meilleur de leur aage à forger des coniectures & mandier les corrections du Vatican, pour changer, corriger ou suppléer le texte de quelque Autheur qui aura peut-estre desia consommé le labeur de dix ou douze hommes, quoy qu'on s'en peut passer facilement à vn besoin: Ou que ce ne fust pas vne chose miserable & digne de commiseration de laisser perdre & pourrir entre les mains de quelques possesseurs ignorans les veilles & les labeurs d'vne infinité de grands personnages qui ont sué & trauaillé peut estre tout le temps de leur vie pour nous donner la cognoissance de ce qui estoit auparauant incognu, ou esclaircir quelque matiere vtile & necessaire. Et ce neantmoins l'exemple de ces Censeurs a esté telle, & leur authorité si forte & puissáte, que nonobstát le dégoust que nous ont dóné Robortel & quelques autres d'entre eux, mesme de ces Manuscripts, ils ont tellement neantmoins ensorcelé le monde à leur recherche; qu'il n'y a qu'eux aujourd'huy qui soient en vogue & jugez dignes d'estre mis dans les Bibliotheques,

lib. de ratione corrigendi veteres auct.

Tanta est penuria mentis vbique
In nugas tam prona via est!

Palingen. lib. 3. Zodiaci.

C'est pourquoy puis qu'il est de

l'eſſence d'vne Bibliotheque d'auoir grand nombre de Manuſcripts, parce qu'ils ſont maintenant les plus eſtimez & les moins communs; i'eſtime, M. ſous le reſpect de voſtre meilleur aduis, qu'il ſeroit tres-à-propos de pourſuiure comme vous auez cōmencé, en fourniſſant la voſtre de ceux qui ont eſté compoſez à pur & à plein ſur quelque belle matiere, pareils à ceux-là que vous auez deſia faict rechercher non ſeulement icy, mais à Conſtantinople, & tous ceux que l'on peut auoir de beaucoup d'Autheurs anciens & nouueaux, ſpecifiez par Neander, Cardan, Geſner, & par tous les Catalogues des meilleures Bibliotheques; que nō pas de toutes ces copies de liures qui ont deſia

In præfat. Gram. Græc. lib.17. de variet. in Bibliothec.

esté imprimez, & qui ne peuuent tout au plus nous soulager que de quelques vaines & legeres coniectures. Combien toutesfois que ce ne soit pas mon intention de mettre dans le mespris & faire negliger totalement cette sorte de liures, sçachant bien par l'exemple de Ptolomee quelle estime on doit tousiours faire des Autographes, ou de ces deux sortes de Manuscripts que Robortel, pour ce qui est de la Critique, prefere à tous les autres.

lib. de ratione corrigẽdi veteres auctores

I'adiouste en fin pour clorre & fermer ce poinct de la qualité des Liures, que pour ce qui est tant de cette sorte que des imprimez, il ne faut pas seulement obseruer les circonstances susdites, & les choisir suiuant icelle, cóme par exemple s'il est question de la Republique de Bodin, inferer qu'on la la doit prendre parce que l'Autheur a esté des plus fameux & renommez de son siecle, & qui a le premier entre les modernes traicté de ce sujet, que la matiere en est grandement necessaire, & recherchee au temps où nous sommes, que le liure est commun, traduit en plusieurs langues, & imprimé presque tous les cinq ou six ans. Mais qu'il faut encore obseruer celle-cy, sçauoir d'acheter vn liure quand l'Autheur en est bon, quoy que la matiere en soit commune & triuiale, ou bien quand la matiere en est difficile & peu cognuë, quoy que l'Autheur ne soit pas estimé; & en pratiquer ainsi vne infinité d'autres qui se rencontrent

contrent dans les occasions, sans qu'on les puisse facilement reduire en art ou methode. Ce qui me fait croire que celuy-là se peut dignement acquitter de cette charge qui n'a point le iugemét fourbu, temeraire, rempli d'extrauagances, & preoccupé de ces opinions pueriles, qui excitent beaucoup de personnes à mespriser & rebuter promptement tout ce qui n'est pas à leur goust, comme si chacun se deuoit regler suiuant les caprices de leurs fantaisies, ou que ce ne fust pas le deuoir d'vn homme sage & prudent de parler de toutes choses auec indifference, & n'en iuger iamais suiuant l'estime qu'en font les vns ou les autres, mais plustost suiuant le iugement qu'il en faut faire eu esgard à leur propre vſage & nature.

V. Par quels moyens on les peut recouurer.

Or, M. apres auoir monſtré par ces trois premiers poincts la façon qu'il faut ſuiure pour s'inſtruire à dreſſer vne Bibliotheque, de combien de Liures il eſt à propos qu'elle ſoit fournie, & de quelle qualité il les conuient prendre & choiſir; celuy qui ſuit maintenant doit rechercher par quels moyens on les peut auoir, & ce qu'il faut faire pour le progrez & l'augmentation d'iceux. *Sur quoy* ie diray veritablement que le premier precepte qu'on peut donner ſur ce poinct, eſt de conſeruer ſoigneuſement ceux qui ſont acquis & que l'on acquiert tous les iours, ſans permettre qu'aucun ſe gaſte, ſe perde ou deperiſſe en aucune façon. *Tolerabilius enim eſt, faciliuſ-*

que, dit Seneque, *non acquirere quã amittere, ideoque lætiores videbis quos nunquam fortuna respexit quàm quos deseruit.* Ioint que ce ne seroit pas le moyen de beaucoup augmenter si ce qui s'amasse auec peine & diligence venoit à se perdre & deperir faute d'en auoir le soin: Suiuant quoy Ouide & les plus sages ont eu raison de dire que ce n'estoit pas vne moindre vertu de bien conseruer que d'acquerir, de tranquil. cap. 8.

Nec minor est virtus quàm quærere, parta tueri.

Le second est de ne rien negliger de tout ce qui peut entrer en ligne de compte & auoir quelque vsage, soit à l'esgard de vous ou des autres: comme sont les Libelles, Placarts, Theses, fragments, espreuues, & autres choses semblables, que l'on doit estre soigneux de ioindre & assembler suiuant les diuerses sortes & matieres qu'ils traictent, parce que c'est le moyen de les mettre en consideration, & faire en sorte,

Vt quæ non prosunt singula, multa iuuent:

Autrement il arriue d'ordinaire que pour auoir mesprisé ces petits liures qui ne semblent que bagatelles & pieces de nulle consequence, on vient à perdre vne infinité de beaux recueils qui sont quelque fois des plus curieuses pieces d'vne Bibliotheque.

Le troisiesme se peut tirer des moyens qui furent pratiquez par Richard de Bury Euesque de Dunelme & grand Chancelier & Thresorier d'Angleterre, qui conſiſtent à publier & faire cognoiſtre à vn chacun l'affection que l'on porte aux Liures, & le grand deſir que l'on a de dreſſer vne Bibliotheque : car cette choſe eſtant cõmune & diuulguee, il eſt indubitable que ſi celuy qui a ce deſſein eſt en aſſez grand credit & authorité pour faire plaiſir à ſes amis; il n'y aura aucun d'iceux qui ne tienne à faueur de luy faire preſent des plus curieux liures qui tomberont entre ſes mains, qui ne luy donne tres-volontiers entree dans ſa Bibliotheque, ou en celles de ſes amis, bref qui n'ayde & ne contribue à ſon deſſein tout ce qui luy ſera poſſible : comme il eſt fort bien remarqué par ledit Richard de Bury en ces propres termes, que ie tranſcris d'autant plus volontiers que son liure est fort rare, & du nombre de ceux qui se perdent par nostre negligence, *Succedentibus*, dit-il, *prosperis, Regiæ maiestatis consecuti notitiam, & in ipsius acceptati familia, facultatem suscepimus ampliorem, vbilibet visitandi pro libitu & venandi quasi saltus quosdam delicatissimos, tum priuatas, tum communes, tum regularium, tum secularium Bibliothecas.* & vn peu apres, *Præstabatur nobis aditus facilis, regalis fauoris intuitu, ad librorum latebras liberè perscrutādas, amoris quippe nostri fama volatilis iam vbique percrebuit, tantùmq; librorum & maxime veterum ferebamur cupiditate languescere, posse verò quemlibet per quaternos facilius quàm per pecuniam adipisci fauorem. Quamobrem cum supradicti Principis auctoritate suffulti possemus*

Philobibliꝗ cap. 8.

obesse & prodesse, proficere & officere vehementer tam maioribus quàm pusillis, affluxerunt loco Enceniorum & munerum, locóque donorum & iocalium. Cœnulenti quaterni, ac decrepiti Codices nostris tam aspectibus quàm affectibus pretiosi, tunc nobilißimorum Monasteriorum aperiebantur armaria, reserabantur scrinia, & cistulæ soluebantur, &c. A quoy il adiouste encore les diuers voyages qu'il fit en qualité d'Ambassadeur, & le grãd nombre de personnes doctes & curieuses, du labeur & de l'industrie desquelles il se seruoit en cette recherche. Et ce qui m'induit encore dauantage à croire que ces pratiques auroient quelque efficace, c'est que ie cognois vn homme lequel estant curieux de Medailles, Peintures, Statuës,

Camayeux, & autres pieces & ioliuetez de Cabinet, en amassa par cette seule industrie pour plus de douze mille liures, sans en auoir iamais desboursé quatre. Et à la verité ie tiens pour maxime que toute personne courtoise & de bon naturel doit tousiours seconder les intentions louables de ses amis, pourueu qu'elles ne preiudicient point aux siennes. De sorte que celuy qui a des Liures, Medailles ou Peintures qui luy sont plustost venuës par hazard que non pas qu'il en affectionne la iouyssance, ne fera point de difficulté d'en accommoder celuy de ses amis qu'il cognoistra les desirer & en estre curieux. Ie rapporterois volontiers à ce troisiesme precepte la ruse que pourroient

pratiquer

pratiquer & exercer les Magistrats & personnes authorisees par le moyen de leurs charges: mais ie ne veux point l'expliquer plus ouuertement que par le simple narré du stratageme duquel se seruirent les Venitiens pour auoir les meilleurs Manuscripts de Pinellus incontinent apres qu'il fut decedé; car sur l'aduis qu'ils eurent que l'on estoit apres pour transporter sa Bibliotheque de Padouë à Naples, ils enuoyerent soudain vn de leurs Magistrats qui saisit cent balles de Liures, entre lesquelles il y en auoit quatorze qui contenoient les Manuscripts, & deux d'icelles plus de trois cens Commentaires sur toutes les affaires d'Italie, alleguāt pour leurs raisons qu'encore bien qu'on eust permis au defunct Seigneur Pinelli, eu esgard à sa condition, son dessein, sa vie louable & sans reproche, & principalement à l'amitié qu'il auoit tousiours tesmoignee à la Republique, de faire copier les Archiues & Registres de leurs affaires; il n'estoit pas neantmoins à propos ny expedient pour eux que telles pieces vinssent à estre diuulguees, descouuertes & communiquees aprés sa mort. Sur quoy les heritiers & executeurs testamentaires qui estoient puissants & authorisez, ayans fait instance, on retint seulement deux cens de ces Commentaires, qui furent mis dans vne chambre particuliere, auec cette inscription, *Decerpta hæc imperio Senatus è Bibliotheca Pinelliana.*

Le quatriesme est de retrancher la despense superfluë que beaucoup prodiguent mal à propos à la relieure & à l'ornement de leurs volumes, pour l'employer à l'achapt de ceux qui manquent, afin de n'estre point subiects à la censure de Seneque, qui se moque plaisamment de ceux-là, *quibus volun ium suorum frontes maxime placent tituliqu*e : & ce d'autant plus volótiers que la relieure n'est rien qu'vn accident & maniere de paroistre, sans laquelle, au moins si belle & somptueuse, les liures ne laissent pas d'estre vtiles, commodes & recherchez : n'estant iamais arriué qu'à des ignorans de faire cas d'vn liure à cause de sa couuerture, parce qu'il n'est pas des volumes comme des hommes, qui

de tranquil.

ne sont cognus & respectez que par leur robe & vestement : de maniere qu'il est bien plus vtile & necessaire d'auoir, par exemple, grande quãtité de liures fort bien reliez à l'ordinaire, que d'en auoir seulement plein quelque petite chambre ou cabinet de lauez, dorez, reglez, & enrichis auec toute sorte de mignardise, de luxe & de superfluité.

Le cinquiesme concerne l'achapt que l'on doit faire d'iceux, & se peut diuiser en quatre ou cinq articles, suiuant les diuers moyens que l'on peut tenir pour le pratiquer. Or entre iceux ie mettrois volontiers pour le premier le plus prompt, facile & auantageux de tous les autres, celuy qui se fait par l'acquisition de quelque autre Bibliotheque entiere & non dissipee. Ie l'appelle prompt, parce qu'en moins d'vn iour vous pouuez auoir vn grand nombre de liures doctes & curieux, qui ne se pourroient pas quelque fois ramasser pendant la vie d'vn homme. Ie le dis facile, parce que l'on espargne toute la peine & le temps qu'il faudroit consommer à les acheter separément. Ie le nomme en fin auantageux, parce que si les Bibliotheques qu'on achete sont bonnes & curieuses, elles seruent à augmenter le credit & la reputation de celles qui en sont enrichies. D'où nous voyons que Posseuin fait beaucoup d'estat de celle du Cardinal de Ioyeuse, parce qu'elle estoit composee de trois autres, l'vne desquelles auoit esté à Mr Pithou; & que toutes les plus renommees Bibliotheques ont pris leur accroissement de cette sorte, comme par exemple, celle de S. Marc à Venise par le don qu'y fit le Cardinal Bessarion de la sienne; celle de Lescurial par la grande qu'auoit amassee Hurtado de Mendoze; l'Ambroisienne de Milan par nonante balles qui y ont esté mises pour vne seule fois du naufrage & de la ruine de celle de Pinelli; celle de Leyde par plus de deux cens Manuscripts és Langues Orientales que Scaliger y laissa par son testament; & finalement celle d'Ascagne Colomne par la tres-belle qu'a laissee le Cardinal Sirlette. D'où ie coniecture, M. que la vostre ne peut manquer d'estre vn iour tres-fameuse & renommee entre les plus grandes, à l'occasion de celle de M. vostre Pere, laquelle est desia si celebre & cognuë par le recit qu'en ont faict à la posterité la Croix, Fauchet, Marsille, Turnebe, Passerat, Lambin, & presque tous les galands hommes de cette volee, qui n'ont point esté mescognoissans du plaisir & de l'instruction qu'ils en ont receu.

Apres quoy il me semble que le moyen qui approche le plus de ce premier, est de fouiller & reuisirer souuent toutes les boutiques des Libraires frippiers & les vieux fonds & magazins, tant de liures reliez que de ceux qui ont tousjours esté reseruez en blanc depuis vne si longue suitte d'annees, que beaucoup de personnes peu entendües & versees en cette recherche ne iugent pas qu'ils puissent auoir d'autre vsage sinon que d'empescher,

Ne toga cordillis, ne penula desit oliuis.

Combien qu'il s'y rencontre ordinairement de tres-bons liures, & que leur emploitte estant bien mesnagee, il y ait moyen d'en auoir plus pour dix escus que l'on n'en pourroit acheter pour quarante ou cinquante si on les prenoit en diuers endroits & pieces apres autres; pourueu neantmoins que l'on se vueille garnir de soin & de patience, & considerer que l'on ne peut pas dire d'vne Bibliotheque ce que certains Poetes flatteurs ont dict de nostre ville,

Quo

Quo primum nata est tempore, magna fuit:

estant impossible de pouuoir venir à bout si promptement d'vne chose où Salomon dit qu'il n'y aura iamais de fin, *faciendi libros non erit finis;* & à l'accomplissement de laquelle, combien que M. de Thou ait trauaillé vingt ans, Pinelli cinquante, & beaucoup d'autres tout le temps de leur vie; il ne faut pas croire toutesfois qu'ils soient venus à la derniere perfection, que l'on peut bien souhaitter sans la pouuoir atteindre en faict de Bibliotheque.

Mais parce qu'il est encore necessaire pour l'accroissement & augmentation d'vne telle piece, de la fournir soigneusement de tous les liures nouueaux de quelque merite & consideration qui s'impriment en toutes les parties de l'Europe, & que Pinellus & les autres ont entretenu pour ce faire des correspondances auec vne infinité d'amis estrangers & marchands forains; il seroit bien à propos de pratiquer le mesme, ou au moins de choisir & faire election de deux ou trois marchands riches, sçachans & pratiquez en leur vacation, qui par leurs diuerses intelligences & voyages pourroient fournir toutes sortes de nouueautez, & faire diligente recherche & perquisition de ceux qu'on leur demanderoit par catalogues. Ce qu'il n'est pas necessaire de pratiquer pour les vieux liures, d'autant que le plus seur moyen d'en recouurer beaucoup

& à bon compte c'eſt de les rechercher indifferemment chez tous les Libraires, où la longueur du temps & les diuerſes occaſions ont couſtume de les diſperſer & reſpandre.

Ie ne veux toutesfois inferer par tout le bon meſnage propoſé cy deſſus, qu'il ne ſoit quelquefois neceſſaire de franchir les bornes de cette œconomie pour acheter à prix extraordinaire certains liures qui ſont ſi rares, qu'à peine les peut-on tirer d'entre les mains de ceux qui les cognoiſſent que par cette ſeule inuention. Mais le temperament qu'il conuient apporter à cette difficulté eſt de conſiderer que les Bibliotheques ne ſont dreſſees ny eſtimees qu'en conſideration du ſeruice & de l'vtilité que l'on en peut receuoir, & que par conſequent il faut negliger tous ces liures & Manuſcripts qui ne ſont priſez que pour le reſpect de leur antiquité, figures, peintures, relieures, & autres foibles conſiderations, comme ſont le Froiſſard que certains marchands vouloient vendre il n'y a pas long temps trois cens eſcus, le Bocace des Nobles malheureux qui en eſtoit eſtimé cent, le Miſſel & la Bible de Guinart, les Heures que l'on dit bien ſouuent n'auoir point de prix à cauſe de leurs figures & vignettes, les Tite-Liue & autres Hiſtoriens manuſcripts & enluminez, les liures de la Chine & du Iapon, ceux qui ſont tirez en parchemin, papier de couleur, de coton extrememét fin, & auec de grandes marges, & plusieurs autres de pareille estoffe; pour employer ces grandes sommes qu'ils cousteroient à des volumes qui soient plus vtiles dans vne Bibliotheque que non pas tous ces precedens ou ceux qui leur ressemblent, qui ne feront iamais tant estimer ceux qui se passionnent à les recouurer, comme l'ont esté Ptolomee Philadelphe pour auoir donné quinze talents des œuures d'Euripide, Tarquin qui acheta les trois liures de la Sibylle autant qu'il eust faict tous les neuf ensemble, Aristote qui donna soixante & douze mille sesterces des œuures de Speusippe, Platon qui employa mille deniers pour celles de Philolaus, Bessarion qui acheta pour trente mille escus de liures

Grecs, Hurtado de Mendoze qui en fit venir de Leuant la charge d'vn grand nauire, Pic de la Mirande qui despensa sept mille escus en Manuscripts Hebreux, Chaldaïques & autres, & bref ce Roy de France qui mit en depost sa vaisselle d'or & d'argent pour auoir la copie d'vn liure qui estoit dans la Bibliotheque des Medecins de cette ville, comme il est amplement tesmoigné par les vieilles pancartes & registres de leur Faculté.

I'adiouste qu'il seroit aussi besoin de sçauoir des parens & heritiers de beaucoup de galands hómes s'ils n'ont point laissé quelques Manuscripts desquels ils se veulent deffaire, parce qu'il arriue souuent que la plus-part d'iceux ne font pas imprimer la moitié de leurs œuures, soit qu'ils soient preuenus par la mort, ou empeschez de ce faire par la despence, l'apprehension des diuerses censures & iugemens, la crainte de n'auoir pas bien rencontré, la liberté de leurs discours, le peu d'enuie de paroistre, & autres raisons semblables qui nous ont priué d'auoir beaucoup de liures de Postel, Bodin, Marsille, Passerat, Maldonat, &c. les Manuscripts desquels se rencontrent assez souuent dans les Estudes des particuliers, ou en la boutique des Libraires. De mesme aussi faudroit-il auoir le soin de sçauoir d'annees en autres quels Traictez les plus doctes Regens des Vniuersitez prochaines doiuent lire tant en leurs Classes publiques que particulieres, pour estre soigneux d'en faire escrire des copies, & auoir par ce moyen facile vn grand nombre de pieces aussi bonnes & autant estimees que beaucoup de Manuscripts que l'on achete bien cher pour estre vieux & antiques, tesmoin le Traicté des Druides de M. Marsille, l'Histoire & le Traicté des Magistrats François de M. Grangier, la Geographie de M. Belurgey, les diuers Escrits de Messieurs Dautruy, Isambert, Seguin, du Val, d'Artis, & en vn mot des plus renommez Professeurs de toute la France.

Finalement celuy qui auroit autant d'affection enuers les Liures qu'auoit le Sieur Vincent Pinelli, pourroit aussi bien que luy faire

faire visiter les boutiques de ceux qui achetent souuent des vieux papiers ou parchemins, pour voir s'il ne leur tombe rien par mesgarde ou autrement entre les mains qui soit digne d'estre recueilli pour vne Bibliotheque. Et à la verité nous deurions bien estre excitez à cette recherche par l'exemple de Pogius qui trouua le Quintilian sur le comptoir d'vn Chartutier pédant qu'il estoit au Concile de Constance, comme aussi par celuy de Papire Masson qui rencontra l'Agobardus chez vn Relieur qui en vouloit endosser ses liures, & de l'Asconius qui nous a esté donné par semblable rencontre. Mais d'autāt neantmoins que ce moyen est aussi extraordinaire que l'affection de ceux qui s'en seruent, i'aime mieux le laisser à la discretion de ceux qui en voudront vser, que non pas de le prescrire comme vne regle generale & necessaire.

VI. La disposition du lieu où on les doit garder.

Cette consideration du lieu qu'il faut choisir pour dresser & establir vne Bibliotheque, deuroit bien estre d'aussi long discours comme les precedentes, si les preceptes que l'on en peut donner pouuoient estre aussi facilement executez comme ceux que nous auons deduits & expliquez cy dessus. Mais d'autant qu'il n'appartient qu'à ceux-là qui veulent bastir des lieux exprés pour cet effet d'y obseruer precisément toutes les regles & circonstances qui dependent de l'Architecture, beaucoup de particuliers estans contraints de se regler sur la diuerse façon de leurs logemés pour placer leurs Bibliotheques au moins mal qu'il leur est possible, il sembleroit quasi superflu d'en prescrire aucuns: & à dire vray ie croy que c'est la seule occasion qui a meu tous les Architectes à ne rien adiouster à ce qu'en auoit dit Vitruue. Toutésfois pour ne donner cet aduis manque & imparfaict, i'en diray briefuement mon opinion, afin qu'vn chacun s'en puisse seruir suiuant qu'il en aura le pouuoir, ou qu'il la iugera veritable & conforme à sa volonté.

Pour ce qui est donc de la situation & de la place où l'on doit bastir ou choisir vn lieu propre pour vne Bibliotheque, il semble que ce commun dire,

Carmina secessum scribentis, & otia quærunt,

nous doiue obliger à le prendre dans vne partie de la maison plus reculee du bruit & du tracas non seulement de ceux de dehors, mais aussi de la famille & des domestiques, en l'esloignant des ruës, de la cuisine, sale du cõmun, & lieux semblables, pour la mettre s'il est possible entre quelque grande court & vn beau iardin où elle ait son iour libre, ses veuës bien estendues & agreables, son air pur, sans infection de marets, cloaques, fumiers, & toute la disposition de son bastiment si bien conduitte & ordonnee, qu'elle ne participe aucune disgrace ou incommodité manifeste.

Or pour en venir à bout auec

plus de plaisir & moins de peine, il sera tousiours à propos de la placer dans des estages du milieu, afin que la fraischeur de la terre n'engendre point le remugle, qui est vne certaine pourriture qui s'attache insensiblement aux liures; & que les greniers & chambres d'enhaut seruent pour l'empescher d'estre aussi susceptible des intemperies de l'air, comme sont celles qui pour auoir leurs couuertures basses ressentent facilement l'incommodité des pluyes, neiges & grandes chaleurs. Ce que s'il n'est pas autremét facile d'obseruer, au moins faut-il prendre garde qu'elles soient esleuees de la hauteur de quatre ou cinq degrez, comme i'ay remarqué que l'estoit l'Ambroisienne à Milan,

& le plus haut exaucees que l'on pourra, tant à raison de la beauté que pour obuier aux incommoditez susdites: sinon le lieu se trouuant humide & mal situé, il faudra auoir recours ou à la natte, ou aux tapisseries pour garnir les murailles, & au poisle ou bien à la cheminee, dans laquelle on ne bruslera que du bois qui fume peu pour l'eschauffer & desseicher pendant l'Hyuer & les iours des autres saisons qui seront plus humides.

Mais il semble que toutes ces difficultez & circonstances ne soient rien au prix de celles qu'il faut obseruer pour donner iour & percer bien à propos vne Bibliotheque, tant à cause de l'importance qu'il y a qu'elle soit bien esclairee iusques à ses coins plus esloignez, qu'aussi pour la diuerse nature des vents qui doiuent y souffler d'ordinaire, & qui produisent des effects aussi differents que le sont leurs qualitez & les lieux par où ils passent. Sur quoy je dis que deux choses sont à obseruer; la premiere, que les croisees & fenestres de la Bibliotheque (quand elle sera percee des deux costez) ne se regardent diametralement, sinon celles qui donneront iour à quelque table; d'autant que par ce moyen les iours ne s'esuanouyssant au dehors, le lieu en demeure beaucoup mieux esclairé. La seconde, que les principales ouuertures soient tousjours vers l'Orient, tant à cause du iour que la Bibliotheque en pourra receuoir de bon matin, qu'à l'occasion des vents qui soufflent de ce costé, losquels estans chauds & secs de leur nature rendent l'air grandement temperé, fortifient les sens, subtilisent les humeurs, espuisent les esprits, conseruent nostre bonne disposition, corrigent la mauuaise, & pour dire en vn mot sont tres-sains & salubres : où au contraire ceux qui soufflent du costé de l'Occident sont plus fascheux & nuisibles, & les Meridionaux plus dangereux que tous les autres, parce qu'estans chauds & humides ils disposent toutes choses à pourriture, grossissent l'air, nourrissent les vers, engendrent la vermine, fomentent & entretiennent les maladies, & nous disposent à en receuoir de nouuelles ; aussi sont-ils appellez

appellez par Hippocrate, *Austri* sect. 3. aph. 5. *auditum hebetantes, caliginosi, caput grauantes, pigri dissoluentes*, parce qu'ils remplissent la teste de certaines vapeurs & humiditez qui espaississent les esprits, relaschent les nerfs, bouschent les conduits, offusquent les sens, & nous rendent paresseux & presque inhabiles à toutes sortes d'actions. C'est pourquoy au defaut des premiers il faudra auoir recours à ceux qui soufflent du Septentrion, & qui par le moyen de leurs qualitez froide & seiche n'engendrent aucune humidité, & conseruent assez bien les liures & papiers.

VII. L'ordre qu'il conuient leur donner.

Le septiesme poinct qui semble absolument deuoir estre traicté apres les precedens, est celuy de l'ordre & de la disposition que doiuent garder les liures dans vne Bibliotheque : car il n'y a point de doute que sans icelle toute nostre recherche seroit vaine & nostre labeur sans fruict, puis que les liures ne sont mis & reseruez en cet endroit que pour en tirer seruice aux occasions qui se presentent. Ce que toutesfois il est impossible de faire s'ils ne sont rangez & disposez suiuant leurs diuerses matieres, ou en telle autre façon qu'on les puisse trouuer facilement & à poinct nommé. Ie dis dauantage, que sans cet ordre & disposition tel amas de liures que ce peust estre, fust-il de cinquante mille volumes, ne meriteroit pas le nom de Bibliotheque, non plus qu'vne assemblee de trente mille hommes le nom d'armee, s'ils n'estoient rangez en diuers quartiers sous la conduitte de leurs Chefs & Capitaines; ou vne grande quantité de pierres & materiaux celuy de Palais ou maison, s'ils n'estoient mis & posez suiuāt qu'il est requis pour en faire vn bastiment parfait & accomply. Et tout ainsi que nous voyons la Nature, *quæ nihil vnquam sine ordine meditata est vel effecit*, gouuerner, entretenir & conseruer par cette vnique voye vne si grande diuersité de choses, sans l'vsage desquelles nous ne pourrions pas sustenter & maintenir nostre corps; aussi faut-il croire que pour entretenir nostre esprit il est besoin que ses obiects & les choses desquelles il se sert soient disposees de telle sorte, qu'il puisse toutes fois &

Aristot. 8. Politic.

quand il luy plaira les discerner les vns d'auec les autres, & les trier & separer à sa fantaisie, sans labeur, sans peine & sans confusion. Ce que neantmoins il ne feroit iamais en faict de liures si on les vouloit ranger suiuant le dessein des cent Bufets que propose la Croix du Maine sur la fin de sa Bibliotheque Françoise, ou les caprices que Iules Camille expose en l'idee de son Theatre, & beaucoup moins encore si on vouloit suiure la triple diuision que Iean Mabun tire de ces mots du Psalmiste, *Disciplinam, bonitatem & scientiam doce me*, pour distribuer tous les liures en trois classes & chefs principaux, de la Morale, des Sciences, & de la Deuotion. Car tout ainsi que pour trop presſer l'anguille elle eſchappe, que la Memoire artificielle gaſte & peruertit la naturelle, & que l'on manque ſouuent de venir à bout de beaucoup d'affaires pour y auoir trop apporté de circonſtances & precautions; auſſi eſt-il certain qu'il ſeroit grandement difficile à vn eſprit de ſe pouuoir regler & accouſtumer à cet ordre, lequel ſemble n'auoir autre but que de geſner & crucifier eternellement la Memoire ſous les eſpines de ces vaines poinctilleries & ſubtilitez chymeriques, tant s'en faut qu'il la puiſſe ſoulager en aucune façon, & verifier ce dire de Ciceron, *Ordo eſt maxime qui memoriæ lumen affert.* C'eſt pourquoy ne faiſant autre eſtime d'vn ordre qui ne peut eſtre ſuiui que 2. de Orat.

d'vn Autheur qui ne veut estre entendu, ie croy que le meilleur est tousiours celuy qui est le plus facile, le moins intrigué, le plus naturel, vsité, & qui suit les Facultez de Theologie, Medecine, Iurisprudence, Histoire, Philosophie, Mathematiques, Humanitez, & autres, lesquelles il faut subdiuiser chacune en particulier, suiuant leurs diuerses parties, qui doiuent estre pour cet effect mediocremẽt cognuës par celuy qui a la charge de la Bibliotheque; comme en Theologie, par exemple, il faut mettre toutes les Bibles les premieres suiuãt l'ordre des langues, par apres les Conciles, Synodes, Decrets, Canons, & tout ce qui est des Constitutions de l'Eglise, d'autant qu'elles tiennent le secōd lieu d'authorité parmy nous: en ſuitte les Peres Grecs & Latins, & apres eux les Commentateurs, Scholaſtiques, Docteurs meſlez, Hiſtoriens; & finalement les Heretiques. En Philoſophie, commencer par celle de Triſmegiſte qui eſt la plus anciéne, pourſuiure par celle de Platon, d'Ariſtote, de Raymond Lulle, Ramus, & acheuer par les Nouateurs Teleſius, Patrice, Campanella, Verulam, Gilbert, Iordan Brun, Gaſſand, Baſſon, Gomeſius, Charpentier, Gorlee, qui sont les principaux d'entre vne milliace d'autres; & faire ainſi de toutes les Facultez: auec ces cautions qu'il faut obſeruer ſoigneuſement, la premiere que les plus vniuerſels & anciens marchent touſiours en teste, la seconde que les Interpretes & Commentateurs soient mis à part & rangez suiuant l'ordre des liures qu'ils expliquent, la troisiesme que les Traictez particuliers suiuent le rang & la disposition que doiuent tenir leur matiere & sujets dans les Arts & Sciences, & la quatriesme & derniere que tous les liures de pareil sujet & mesme matiere soient precisément reduits & placez au lieu qui leur est destiné, parce qu'en ce faisant la memoire est tellement soulagee, qu'il seroit facile en vn moment de trouuer dans vne Bibliotheque plus grande que n'estoit celle de Ptolomee, tel liure que l'on en pourroit choisir ou desirer. Ce que pour faire encore auec moins de peine & plus de contentement,

tement, il faut bien prendre garde que les liures qui sont trop menus pour estre reliez seuls ne soient mis & conioints qu'auec ceux qui ont traicté de tout pareil & mesme sujet, estant plus à propos en tout cas de les faire relier seuls que d'apporter vne confusion extreme en vne Bibliotheque; les ioignant auec d'autres d'vn sujet si extrauagant & si esloigné, que l'on ne s'aduiseroit iamais de les chercher en telles compagnies. Ie sçay bien que l'on me pourra representer deux incommoditez assez notables qui accompagnent cet ordre, sçauoir la difficulté de pouuoir bien reduire & placer certains liures meslez à quelque classe & Faculté principale, & le trauail continuel qu'il y a de tousiours remuer vne Bibliotheque quand il faut placer vne treraine de volumes en diuers endroits d'icelle. Mais ie responds pour le premier, qu'il n'y a gueres de liures qui ne se puissent reduire à quelque ordre, principalement quand on en a beaucoup; que lors qu'ils sont vne fois placez il n'est besoin que d'vn peu de memoire pour se souuenir où on les aura mis; & qu'au pis aller il ne gist qu'à destiner vn certain endroit pour les reduire tous ensemble. Et quant à ce qui est du second, il est bien vray que l'on pourroit euiter vn peu de peine en ne pressant point les liures, ou en laissant quelque peu de place à l'extremité des tablettes ou des lieux où finit chaque Faculté: Mais neantmoins il seroit plus à propos ce me semble de choisir quelque lieu pour mettre tous les liures que l'on acheteroit pendant six mois, au bout desquels on les rangeroit auec les autres chacun en leurs places; d'autant que par ce moyen ils s'en porteroient tous beaucoup mieux estans espoudrez & maniez deux fois l'an. Et en tout cas je croy que cet ordre qui est le plus vsité sera tousiours pareillement estimé plus beau & plus facile que celuy de la Bibliotheque Ambroisienne, & de quelques autres, où tous les liures sont peslemeslez & indifferemment rangez suiuant l'ordre des volumes & des chiffres, & distinguez seulement dans vn catalogue où chaque piece se trouue sous le nom de son Autheur : d'autant que pour euiter les incommoditez precedentes il en traisne apres soy vne iliade d'autres, à beaucoup desquelles on pourroit toutesfois remedier par vn catalogue fidelement dressé suiuant toutes les Classes & Facultez subdiuisez iusques aux plus precises & particulieres de leurs parties.

Maintenant il ne reste plus qu'à parler des Manuscripts, qui ne peuuent estre mieux ny plus à propos placez qu'en quelque endroit de la Bibliotheque, n'y ayant nulle apparence de les separer & sequestrer d'icelle, puis qu'ils en font la meilleure partie & la plus curieuse & estimee: ioint que plusieurs se persuadent facilement quand ils ne les voyent point parmy les autres liures, que toutes les chambres où l'on a coustume de dire qu'ils sont enfermez ne sont qu'imaginaires, & destinees seulement pour seruir d'excuse à ceux qui n'en ont point. Aussi voyons-nous qu'il y a vn costé tout entier de la Bibliotheque Ambroisienne rempli de neuf mille Manuscripts qui ont esté assemblez par le soin & la diligéce du Sieur Iean Antoine Olgiati, & que dans celle de M. le President de Thou il y a vne chambre de pareil pied & d'aussi facile entree que les autres destinee pour cet effect. C'est pourquoy en prescriuant l'ordre que l'on y peut obseruer, il faut prendre garde qu'il y a deux sortes de Manuscripts, & que pour ce qui est de ceux qui sont de iuste volume & grosseur ils peuuent estre rangez comme les autres liures, auec cette precaution neantmoins, que s'il y en a quelqu'vn de grande consequence, ou prohibez & defendus, ils soient mis aux tablettes plus hautes, & sans aucun tiltre exterieur, pour estre plus esloignez tant de la main que de la veuë, afin qu'on ne les puisse cognoistre ny manier que suiuant la volonté & à la discretion de celuy qui en aura la charge. Ce qu'il faut aussi pratiquer pour l'autre sorte de Manuscripts qui consistent en cahiers & petites pieces separees, lesquelles il faut assembler par liaces & pacquets suiuant les matieres, & les placer encore plus haut que les precedétes, d'autant qu'à cause de leur petitesse &

du peu de temps qu'il faudroit à les transcrire elles seroient tous les iours subiettes à estre prises ou empruntees si on venoit à les mettre en vn endroit où elles peussent estre veuës & maniees d'vn chacun, comme il arriue souuent aux liures arrangez sur des pulpitres dans les vieilles Bibliotheques. Ce qui doit suffire pour ce poinct, sur lequel il n'est pas besoin de s'estendre dauantage, puis que l'ordre de la Nature qui est tousiours egal & semblable à soy mesme n'y pouuant estre obserué, à cause de l'extrauagance & de la diuersité des liures; il ne reste que celuy de l'art, lequel vn chacun d'ordinaire veut establir à sa fantaisie, suiuant qu'il le trouue plus à propos par son bon sens & iugement tant afin de satisfaire à soy-mesme, que pour ne vouloir pas suiure la trace & les opinions des autres.

VIII. L'ornement & la decoration que l'on y doit apporter.

Lib. de fama.

IE passerois volontiers de ce dernier poinct à celuy qui doit clorre & fermer cet Aduis, si ie n'estois aduerti par ce dire tres-veritable de Typotius, *Ignota populo est & mortua pene ipsa virtus sine lenocinio*, de dire quelque mot en passant de la monstre exterieure & de l'ornement que l'on doit apporter à vne Bibliotheque, puis que ce fard & cette decoration semblent necessaires, veu que suiuant le dire du mesme Autheur, *Omnis apparatus bellicus, omnes machinæ forenses, omnis denique suppellex domestica, ad ostentationem comparata est.* Et à dire vray, ce qui me fait plus

plus facilement excuser la passion de ceux qui recherchent aujourd'huy cette pompe auec beaucoup de frais & despences inutiles; c'est que les anciens y ont encore esté moins retenus que nous: car si nous voulons en premier lieu considerer quelle estoit la structure & le bastiment de leurs Bibliotheques, Isidore nous apprendra qu'elles estoient toutes quarrelees de marbre verd, & couuertes d'or par les lambris, Boece que les murailles estoient reuestues de verre & d'yuoire, Seneque que les armoires & pulpitres estoient d'ebene & de cedre. Si nous recherchions quelles pieces rares & exquises ils y mettoient, les deux Plines, Suetone, Martial & Vopiscus tesmoignent

apud Lipsum Syntag. de Biblioth. cap. 9. & 10.

par toutes leurs œuures qu'ils n'espargnoient ny or ny argent pour y mettre les images & statuës representees au vif de tous les galands hommes. Et finalement s'il est question de sçauoir quel estoit l'ornement de leurs volumes, Seneque ne fait autre chose que reprendre le luxe & la trop grande despense qu'ils faisoient à les peindre, dorer, enluminer, & faire couurir & relier auec toute sorte de bombance, mignardise & superfluité. Mais pour tirer quelque instruction de ces desordres, il nous faut eslire & trier de ces extremitez ce qui est tellemẽt requis à vne Bibliotheque, qu'on ne puisse en aucune façon le negliger sans auarice, ou l'exceder sans prodigalité; ie dis premierement qu'il n'eſt point beſoin pour ce qui eſt des liures de faire vne deſpenſe extraordinaire à leur relieure, eſtant plus à propos de reſeruer l'argent qu'on y deſpenſeroit pour les auoir tous du volume plus grand & de la meilleure edition qui ſe pourra trouuer; ſi ce n'eſt qu'on vueille pour contenter de quelque apparence les yeux des ſpectateurs, faire couurir tous les dos de ceux qui ſeront reliez tant en bazane qu'en veau ou marroquin, de filets d'or & de quelques fleurons, auec le nom des Autheurs: pour quoy faire on aura recours au Doreur qui aura couſtume de trauailler pour la Bibliotheque, comme auſſi au Relieur pour refaire les dos & couuertures eſcorchees, reprendre les transchefils, accómoder les transpositions, recoler les cartes & figures, nettoyer les fueilles gastees, & bref entretenir tout en l'estat necessaire à l'ornement du lieu & à la conseruation des volumes.

Il n'est point aussi question de rechercher & entasser dans vne Bibliotheque toutes ces pieces & fragments des vieilles statuës,

Et Curios iam dimidios, humeróque minorem,
Coruinum, & Galbam auriculis nasóque carentem;

nous estant assez d'auoir des copies bien faictes & tirees de ceux qui ont esté les plus celebres en la profession des Lettres, pour iuger en vn mesme temps de l'esprit des Autheurs par leurs liures, & de leur corps, figure & physiognomie par ces tableaux & images, lesquelles iointes aux discours que plusieurs ont faict de leur vie, seruent à mon aduis d'vn puissant esguillon pour exciter vne ame genereuse & bien née à suiure leurs pistes, & à demeurer ferme & stable dans les airs & sentiers battus de quelque belle entreprise & resolution.

Encore moins faut-il employer l'or à ses lambris, l'yuoire & le verre à ses parois, le cedre à ses tablettes, & le marbre à ses fonds & planchers, puis que telle façon de paroistre n'est plus en vsage, que les liures ne se mettent plus sur des pulpitres à la mode ancienne, mais sur des tablettes qui cachent toutes les murailles; & qu'au lieu de telles dorures & paremens l'on peut faire vicarier les instruments de Mathematiques, Globes, Mappemonde, Spheres, Peintures, animaux, pierres, & autres curiositez tant de l'Art que de la Nature, qui s'amassent pour l'ordinaire de temps en temps & quasi sans rien mettre & desbourser.

Finalement ce seroit vne grande oubliance, si apres auoir fourni vne Bibliotheque de toutes ces choses, elle n'auoit point ses tablettes garnies de quelque petite serge, bougran ou canetias accômodé à l'ordinaire auec des cloux dorez ou argentez, tant pour conseruer les liures de la poudre, que pour donner vne grace nompareille à tout le lieu; & aussi si elle venoit à mâquer & estre despoureuë de tables, tapis, sieges, espousettes, boules iaspees, conserues, horloges, plumes, papier, ancre, canif, pouldre, Almanach, & autres petits meubles & instruments semblables, qui sont de si petite valleur & tellement necessaires, qu'il n'y a point d'excuse capable de mettre à couuert ceux qui negligét d'en faire prouision.

Toutes ces choses estans ainsi disposees, il ne reste plus pour l'accomplissement de ces discours, qu'à sçauoir quel doit estre leur fin & vsage principal : car de s'imaginer qu'il faille apres tant de peine & de despense cacher toutes ces lumieres sous le boisseau, & condamner tant de braues esprits à vn perpetuel silence & solitude, c'est mal recognoistre le but d'vne Bibliotheque, laquelle ne plus

IX. Quel doit estre le but principal de cette Bibliotheque.

ne moins que la Nature, *perditura est fructum sui, si tam magna, tam præclara, tam subtiliter dicta, tam nitida, & non vno genere formosa, solitudini ostenderet, scias illam spectari voluisse, non tantùm aspici.* C'est pourquoy ie vous diray, M. auec autant de liberté comme i'ay d'affection pour vostre seruice, qu'en vain celuy-là s'efforce il de pratiquer aucun des moyens susdits, ou de faire quelque despése notable apres les Liures, qui n'a dessein d'en vouer & consacrer l'vsage au public, & de n'en desnier iamais la communication au moindre des hommes qui en pourra auoir besoin, le dire du Poëte estant tres-veritable,

Seneca de vita beata cap. 32.

Claudian. de 4. Consul. Honorij.

Vile latens virtus, quid enim demersa tenebris

Proderit,

Proderit, obscuro velut sine remige puppis,
Vel lyra quæ reticet, vel qui non tenditur arcus.

Aussi estoit-ce vne des principales maximes des plus somptueux d'entre les Romains, ou de ceux qui affectionnoient plus le bien du public, que de faire dresser beaucoup de ces Librairies, pour puis apres les vouer & dedier à l'vsage de tous les hômes de Lettres, iusques là mesmes que suiuant le calcul de Pierre Victor il y en auoit vingt-neuf à Rome, & suiuant celuy de Palladius trente-sept, qui estoient des marques si certaines de la grandeur, magnificence & somptuosité des Romains, que Pancirol a eu raison d'attribuer à nostre negligence, &

de ranger entre les choses memorables de l'antiquité qui ne sont venuës iusques à nous ce tesmoignage tres-asseuré de la richesse & de la bonne affection des anciens enuers ceux qui faisoient profession des Lettres; & ce auec d'autant plus de raison qu'il n'y a maintenant, au moins si i'en ay peu sçauoir, que celles du Cheualier Bodleui à Oxfort, du Cardinal Borromee à Milan, & de la Maison des Augustins à Rome, où l'on puisse entrer librement & sans difficulté; toutes les autres, comme celles de Muret, Fuluius Vrsinus, Montalte, & du Vatican, des Medicis, & de Pierre Victor à Florence; de Bessarion à Venise; de S. Anthoine à Padouë; des Iacobins à Boulogne;

des Augustins à Gremone; du Cardinal Siripand à Naples; du Duc Federic à Vrbain; de Nunnesius à Barcelonne; de Ximenes à Complute; de Renzouius à Bradenberk; des Foulcres à Ausbourg; & finalement du Roy, S. Victor, & de M. de T. à Paris, qui sont toutes belles & admirables, n'estans si communes, ouuertes à vn chacun, & de facile entree, comme sont les trois precedentes. Car pour ne parler que de l'Ambroisienne de Milan, & monstrer par mesme moyen comme elle surpasse tant en grandeur & magnificence que en obligeant le public beaucoup de celles d'entre les Romains, n'est-ce pas vne chose du tout extraordinaire qu'vn chacun y puisse entrer à toute heure presque que bon luy semble, y demeurer tant qu'il luy plaist, voir, lire, extraire tel Autheur qu'il aura agreable, auoir tous les moyens & commoditez de ce faire, soit en public ou en particulier, & ce sans autre peine que de s'y transporter és iours & heures ordinaires, se placer dans des chaires destinees pour cet effect, & demander les liures qu'il voudra fueilleter au Bibliothecaire ou à trois de ses seruiteurs, qui sont fort bien stipendiez & entretenus, tant pour seruir à la Bibliotheque qu'à tous ceux qui viennent tous les iours estudier en icelle.

Mais pour regler cet vsage auec la bienseance & toutes les precautions requises, i'estime qu'il seroit à propos de faire premierement choix & election de quelque honneste homme docte & bien entendu en faict de Liures, pour luy donner auec la charge & les appoinctemens requis le tiltre & la qualité de Bibliothecaire, suiuant que nous voyons auoir esté pratiqué en toutes les plus fameuses Librairies, où beaucoup de galands hommes se sont tousiours tenus bien honorez d'auoir cette charge, & l'ont renduë plus illustre & recommandable par leur grande doctrine & capacité, comme par exemple, Demetrius Phalereus, Callimachus, Apollonius Alexandrinus, Aristoxenus, & Zenodotus, qui ont eu autrefois la charge de celle d'Alexandre; Varro & Hyginus qui ont gouuerné celle du Mont Palatin à Rome;

Leidrat & Agobard celle de l'Isle Barbe auprés Lyon sous Charlemagne; Petrus Diaconus celle du Mont Cassin; Platine, Eugubinus & Sirlette celle du Vatican; Sabellicus celle de Venise; Vuolphius de Basle; Gruterus de Heidelberg; Douza & Paulus Merula de Leide, ausquels le docte Heinsius à succedé; comme apres Budé, Gosselin & Casaubon M. Rigault gouuerne aujourd'huy la Royale establie par le Roy François I. & augmentee de beaucoup par son industrie & la diligence extreme qu'il y apporte.

Apres quoy le plus necessaire seroit de faire deux Catalogues de tous les Liures contenus dans la Bibliotheque, en l'vn desquels ils fussent si precisément disposez suiuant les diuerses matieres & Facultez, que l'on peust voir & sçauoir en vn clin d'œil tous les Autheurs qui s'y rencontrent sur le premier sujet qui viendra en fantaisie; & dans l'autre ils fussent fidelement rangez & reduits sous l'ordre alphabetic de leurs Autheurs, tant afin de n'en point acheter deux fois, que pour sçauoir ceux qui manquent, & satisfaire à beaucoup de personnes qui sont quelquefois curieuses de lire particulierement toutes les œuures de certains Autheurs. Ce qu'estant estably de la sorte, l'vsage que l'on en peut tirer est à mon iugement tres-aduantageux, soit qu'on regarde au profit particulier qu'en peuuent receuoir le Maistre & le Bibliothecaire, soit qu'on ait esgard à la renommée qu'il se peut acquerir par la communication d'iceux à toute sorte de personnes; afin de ne point ressembler à ces auaricieux qui n'ont iamais de contétement de leurs richesses, ou à cet enuieux serpent qui empeschoit que personne ne peust aborder & cueillir les fruicts du iardin des Hesperides; veu principalement que les choses ne se doiuent estimer qu'à l'esgal du profit & de l'vsage que l'on en tire: & que pour ce qui est particulierement des Liures ils sont semblables à celuy d'Horace, duquel il disoit en ses Epistres,

Odisti claues & grata sigilla pudico
Paucis ostendi, gemis & communia laudas.

Toutesfois d'autant qu'il ne seroit

roit pas raiſonnable de profaner auec indiſcretion ce qui doit eſtre meſnagé auec iugement, il faudroit premierement obſeruer que toutes les Bibliotheques ne pouuant touſiours eſtre ouuertes comme l'Ambroiſienne, il fuſt au moins permis à tous ceux qui y auroient affaire d'aborder librement le Bibliothecaire pour y eſtre introduits par iceluy ſans aucune dilation ny difficulté: ſecondement que ceux qui ſeroient totalement incognus, & tous autres qui n'auroient affaire que de quelques paſſages, peuſſent veoir chercher & extraire de toutes ſortes de liures imprimez ce dont ils auroient beſoin; tiercement que l'on permiſt aux perſonnes de merite & de cognoissance d'emporter à leurs logis les liures cõmuns & de peu de volumes; auec ces cautions neantmoins, que ce ne fust que pour quinze iours ou trois semaines tout au plus, & que le Bibliothecaire fust soigneux de faire escrire dans vn liure choisi pour cet effect & diuisé par les lettres de l'Alphabet tout ce que l'on presteroit aux vns & aux autres, auec la datte du iour, la forme du volume, & le lieu & l'annee de l'impression, le tout souscrit par celuy à qui on aura presté: ce qu'il faudroit biffer apres le liure rendu, & marquer en marge le iour de la reddition, pour voir combien on les auroit gardé: & ceux qui auroient merité par leur diligence & le soin apporté à la conseruation des liures, qu'on leur en prestast d'autres. Vous asseurant, M. que s'il vous plaist poursuiure cóme vous auez cómencé, & augmenter vostre Biblotheque pour vous en seruir en cette sorte, ou en telle autre que vous iugerez meilleure, vous en receurez des louanges nompareilles, des remerciemens infinis, des auantages non communs, & bref vn contentement indicible, lors que vous recognoistrez en parcourant ce Catalogue les courtoisies que vous aurez faictes, les galands hommes que vous aurez obligez, les personnes qui vous auront veu, les nouueaux amis & seruiteurs que vous vous serez acquis,

& pour dire en vn mot lors que vous iugerez au doigt & à l'œil combien de gloire & de recommendation vous aura apporté vostre Bibliotheque. Pour le progrez & augmentation de laquelle ie proteste vouloir tout le temps de ma vie contribuer tout ce qui me sera possible, comme i'ay pris dés maintenant la hardiesse de vous en donner quelque tesmoignage par cet Aduis, lequel i'espere bien auec le temps polir & augmenter de telle sorte, qu'il n'apprehendera point de sortir en lumiere pour discourir & parler amplemét d'vn sujet lequel n'a point encore esté traicté, faisant voir sous le tiltre de *Bibliotheca Memmiana*, ce qu'il y a si long temps que l'on souhaite sçauoir, l'histoire tres-ample & particuliere des Lettres & des Liures, le iugement & censure des Autheurs, le nom des meilleurs & plus necessaires en chaque Faculté, le fleau des Plagiaires, le progrez des Sciences, la diuersité des Sectes, la reuolution des Arts & Disciplines, la decadence des Anciens, les diuers principes des Nouateurs, & le bon droict des Pyrrheniens fondé sur l'ignorāce de tous les hommes? sous le voile de laquelle ie vous supplie tres-humblement, M. d'excuser la mienne, & de receuoir ce petit Aduis, quoy que grossier & mal tissu, pour des arres de ma bonne volonté, & de celuy que ie vous promets & feray voir vn iour auec plus grande suitte & meilleur equipage.

Nunc te marmoreum pro tempore fecimus, at tu
Si fœtura gregem suppleuerit, aureus esto. Virg. Eclog. 7.

FIN.

Extraict du Priuilege du Roy.

LE ROY par ses Lettres de Priuilege données à Paris le 15. Septembre 1627. signees DE LONGVEIL, & seellees, a permis à FRANÇOIS TARGA marchand Libraire à Paris, d'imprimer ou faire imprimer, vendre & distribuer vn liure intitulé, *Aduis pour dresser vne Bibliotheque, presenté à M. le President de Mesme, par G. Naudé P.* Faisant defences à tous Imprimeurs, Libraires & autres de quelque qualité & condition qu'ils soient, d'imprimer ledit liure, en vendre ny distribuer par tout le Royaume, pays & terres de son obeyssance, sans le consentement dudit Targa, sur peine aux contreuenans de confiscation des exemplaires, & de six cens liures d'amende, moitié au Roy & l'autre audit Targa, despens, dommages & interests: comme il est plus amplement porté par l'original des presentes.

www.ingramcontent.com/pod-product-compliance
Ingram Content Group UK Ltd.
Pitfield, Milton Keynes, MK11 3LW, UK
UKHW012036240726
13965UKWH00003B/834